UWE MICHAEL LANG

CONVERSI AD DOMINUM

Zu Geschichte und Theologie der christlichen Gebetsrichtung

Neue Kriterien 5

UWE MICHAEL LANG

CONVERSI AD DOMINUM

Zu Geschichte und Theologie der christlichen Gebetsrichtung

Mit einem Geleitwort von
Joseph Cardinal Ratzinger

JOHANNES

Druck: Lokay, Reinheim
ISBN 3 89411 384 7

Inhalt

Geleitwort

Zwei Dinge erscheinen für den normalen Kirchenbesucher als die greifbarsten Ergebnisse der Liturgiereform des II. Vatikanischen Konzils: das Verschwinden der lateinischen Sprache und die Wendung der Altäre zum Volk hin. Wer die Texte des Konzils selber liest, wird mit Erstaunen feststellen, daß weder das eine noch das andere in dieser Form in den Konzilsbeschlüssen zu finden ist. Gewiß, der Volkssprache sollte – vor allem im Bereich des Wortgottesdienstes – nach dem Konzil Raum gegeben werden, aber die vorausgehende Generalregel des Konzilstextes lautet: «Der Gebrauch der lateinischen Sprache soll in den lateinischen Riten erhalten bleiben, soweit nicht Sonderrecht entgegensteht» (SC 36,1). Von der Wendung der Altäre zum Volk hin ist im Konzilstext nicht die Rede; sie erscheint erst in nachkonziliaren Anweisungen, deren wichtigste sich in der Nummer 262 der «Institutio Generalis Missalis Romani», der Allgemeinen Einführung in das neue Römische Meßbuch von 1969 findet. Dort wird gesagt: «Der Hauptaltar soll von der Wand getrennt gebaut werden, so daß er leicht umschritten werden und auf ihm die Zelebration versus populum (zum Volk hin) ausgeführt werden kann...» Die Einführung in die Neuauflage des Missales vom Jahre 2002 hat diesen Text unverändert übernommen, aber am Schluß noch einen Nebensatz angefügt, der so lautet: «Dies sollte der Fall sein, wo immer es möglich ist.» Diese Ergänzung wurde von vielen Seiten als eine

Verschärfung des Textes von 1969 in dem Sinn aufgefaßt, daß es nun eine allgemeine Verpflichtung gebe, die Altäre «wo immer möglich» zum Volk hin gewendet zu bauen. Die zuständige Kongregation für die göttliche Liturgie hat aber bereits am 25. September 2000 diese Auslegung abgewiesen und erklärt, das Wort «expedit» (sollte der Fall sein) drücke keine Verpflichtung, sondern eine Empfehlung aus. Die physische Ausrichtung, so sagt die Kongregation, müsse von der geistlichen unterschieden werden. Wenn der Priester «versus populum» feiert, solle seine geistliche Ausrichtung doch immer «versus Deum per Iesum Christum» (auf Gott hin, durch Jesus Christus) sein. Riten, Zeichen, Symbole und Worte könnten den inneren Vorgang des Heilsgeheimnisses nie ausschöpfen, und daher müsse man einseitige und verabsolutierende Positionen vermeiden.

Dies ist eine wichtige Klärung, weil sie das Relative der äußeren symbolischen Formen ins Licht setzt und sich damit Fanatismen entgegenstellt, die in den letzten vierzig Jahren im Streit um die Liturgie leider nicht selten gewesen sind. Zugleich wird die in den äußeren Formen nie vollständig auszudrückende innere Richtung des liturgischen Geschehens verdeutlicht, die für Priester wie für Volk gemeinsam ist: zum Herrn hin – zum Vater durch Christus im Heiligen Geist. Die Antwort der Kongregation sollte damit auch ein neues, entspannteres Klima der Diskussion schaffen, in dem ohne gegenseitige Verurteilungen im sorgsamen Hören auf die anderen, aber besonders auf die innere Weisung der Liturgie selbst nach den besten Weisen praktischer Verwirklichung des Heilsgeschehens gesucht werden kann. Eilfertige Abstempelungen einzelner Positionen als «vorkonziliar», als «reaktionär», als «konservativ» oder auch als «progressistisch» oder «glaubensfremd» sollten aus der Debatte verschwinden und einer neuen gemeinsamen Offenheit im Ringen um die beste Verwirklichung des Vermächtnisses Christi Platz machen.

Das hier vorliegende kleine Buch des in England lebenden Oratorianers Uwe Michael Lang untersucht die Frage nach der Gebetsrichtung der Liturgie historisch, theologisch und pastoral. Es nimmt damit in einem – wie mir scheint – günstigen Augenblick eine Debatte wieder auf, die dem äußeren Anschein zuwider auch nach dem Konzil nie verstummt war. Der Innsbrucker Liturgiker Josef Andreas Jungmann, einer der Architekten der Liturgie-Konstitution des II. Vaticanum, hatte sich von Anfang an entschieden gegen das polemische Schlagwort gewandt, der Priester habe bisher «mit dem Rücken zum Volk» zelebriert. Jungmann hatte demgegenüber herausgestellt, daß es sich nicht um eine Abwendung vom Volk, sondern um Gleichrichtung mit dem Volk handelte: Der Wortgottesdienst ist als Verkündigung ein dialogisches Geschehen, zu dem Anrede und Antwort gehören; so muß ihm die gegenseitige Zuwendung von Verkünder und Hörer zu eigen sein. Das eucharistische Hochgebet hingegen ist Gebet, in dem der Priester zwar als Vor-Beter fungiert, aber doch gemeinsam mit dem Volk und wie dieses zum Herrn hin gerichtet ist. Deswegen – so argumentierte Jungmann – ist hier die Gleichrichtung von Priester und Volk die dem Geschehen von innen her angemessene Haltung. Später haben Louis Bouyer – auch er einer der führenden Liturgiker des II. Vaticanum – und Klaus Gamber, jeder auf seine eigene Art, die Frage wieder aufgegriffen. Solche Stimmen konnten sich – trotz der Autorität der Personen – zunächst kaum hörbar machen, so stark war die Strömung, die ganz das Kommunitäre der liturgischen Feier in den Vordergrund stellte und daher die gegenseitige Zuwendung der Feiernden als unentbehrlich ansah.

Erst in jüngster Zeit hat sich das Klima aufgelockert, so daß der Verdacht antikonziliarer Gesinnung nicht mehr sofort zuschlägt, wenn Fragen in der Richtung von Jungmann, Bouyer und Gamber gestellt werden. Die weitergehende historische Forschung hat den Disput objektiviert, und unter den Gläubigen hat sich das Gefühl für die Problematik einer Lösung verstärkt, in der die Öffnung der Liturgie nach vorn und nach oben kaum in Erscheinung tritt. In dieser Situation kann das wohltuend objektive und ganz unpolemische Buch von Uwe Michael Lang eine wertvolle Hilfe werden. Ohne den Anspruch, große neue Einsichten zu bringen, stellt es sorgsam die Forschungsergebnisse der letzten Jahrzehnte heraus und bietet so die für ein sachliches Urteil nötigen Einsichten. Zu begrüßen ist, daß es die in Deutschland wenig bekannten Überlieferungen der Kirche von England zu dieser Frage wie auch den einschlägigen Disput in der Oxford-Bewegung des 19. Jahrhunderts darstellt, in deren Zusammenhang die Konversion von John Henry Newman gereift ist. Auf dieser Basis werden die theologischen Antworten entwickelt, die sich aus der inneren Richtung des historischen Befunds ergeben. Ich hoffe, daß dieses Buch eines jungen Gelehrten eine Hilfe werden kann für das in jeder Generation nötige Ringen um das rechte Verstehen und um das würdige Feiern der heiligen Liturgie. Ich wünsche dem Werk daher viele und aufmerksame Leser.

Rom, am Sonntag Laetare 2003

Joseph Cardinal Ratzinger

Einleitung

Die Ausrichtung von Priester und Gemeinde bei der Eucharistiefeier ist wieder Gegenstand des theologischen Gesprächs. Diese Entwicklung nehme ich zum Anlaß, meinen Aufsatz «Conversi ad Dominum. Zu Gebetsostung, Stellung des Liturgen am Altar und Kirchenbau»[1] in korrigierter und erweiterter Form als eigenständige Veröffentlichung vorzulegen. Daß die Zeit reif ist für eine Neubesinnung auf Ursprung und Gehalt der christlichen Gebetsrichtung, zeigt die Aufmerksamkeit, welche die jüngsten Publikationen zu diesem Thema[2] in der deutschsprachigen katholischen Liturgiewissenschaft erfahren haben. Als vorläufiges Ergebnis dieser Debatte kann die Einsicht formuliert werden, daß es von der Sache her nicht um die Zelebration der Eucharistie «*versus populum*» geht, sondern um die Gebetsorientierung.

In seiner pointierten Rezension meines Aufsatzes bemängelt Angelus Häußling, meine Deutung des beigebrachten geschichtlichen und theologischen Materials stehe von Anfang an fest.[3] Ich räume ein, daß ich, mit den Worten Martin Wallraffs, der in der Aufarbeitung der Quellen weitgehend mit mir übereinstimmt, «in der theologischen Streitfrage unserer

[1] Lang (2000).
[2] Siehe v.a. die Monographien von de Blaauw (2000) und Wallraff (2001), 60-88.
[3] Häußling (2000), 156.

Tage sehr deutlich Partei»[4] nehme. Wie dem auch sei, es enthebt nicht der Pflicht, die vorgelegten Argumente zu prüfen. Im zweiten, theologischen Teil meiner Arbeit wurde der Versuch unternommen, die bleibende Bedeutung der Ostung als gemeinsame Ausrichtung zum Gebet in der heutigen Lebenswelt zu zeigen. Häußlings Haupteinwand scheint mir folgender zu sein:

> Auf das wichtigste Argument zugunsten der veränderten Zelebrationsrichtung geht Vf., gegen die Intention des Konzils, nicht ein: Dem Konzil lag daran, das Pascha-Mysterium als das zentrale Geschehen der (noch gegenwärtigen!) Heilsgeschichte nahezubringen, was hier bedeutet: Der aus dem Tod befreite und erhöhte Herr lebt inmitten der Kirche, d.h. inmitten jeder betenden Gemeinde. Es ist doch keine Frage, daß in einer Epoche, wo der Mensch selbst in der Mitte des Bewußtseins steht, wo Größe und Risiken der menschlichen Gesellschaft die Erfahrung bestimmen, die Versammlung der Glaubenden um den Altar als sachgerechter empfunden wird als eine Ausrichtung gen Osten, die doch vielfach nur noch als künstlich (deshalb gewiß, «objektiv», nicht weniger «richtig») wahrgenommen werden kann.[5]

Der Schluß von der zweifellos zentralen Bedeutung des Pascha-Mysteriums für das Leben der Kirche auf ein sachgerechteres Gegenüber von Priester und Gemeinde, gleichsam als Versammlung um den Altar, ist keineswegs zwingend. Der aufsprengenden Dy-

[4] Wallraff (2001), 72, Fn. 53.
[5] Häußling (2000), 157.

namik des Pascha-Mysteriums wird so nicht Rechnung getragen. Gerade angesichts der von Häußling genannten Anthropozentrik unserer Zeit kann die Ausrichtung zum Herrn hin befreiend wirken und in die Fülle des göttlichen Lebens hineinführen. Joseph Kardinal Ratzinger stellt daher treffend den «Exoduscharakter» der Liturgie heraus.[6] Reinhard Meßner verweist auf die «eminent eschatologische Bedeutung» der Gebetsorientierung, die «der christlichen Existenz ihre Ausrichtung auf den kommenden Christus» vorgibt. Meßner fügt hinzu: «Ihr derzeit fast allgemeiner Verlust in der römisch-katholischen Kirche ist ein eschatologisches Defizit».[7] In diesem Sinne äußert sich auch Andreas Heinz:

> Die Gebetsrichtung soll auf den transzendenten Adressaten des Gebets verweisen. Insofern ist die Frage nach dem Bezugspunkt des Vorstehergebets ernsthaft zu bedenken. ... Wenn die Gleichgerichtetheit von Vorsteher und Gemeinde in der Gebetshaltung dem erhöhten und wiederkommenden Herrn entgegen (Orientierung) ganz verschwinden würde, wäre das ein bedauerlicher spiritueller Verlust.[8]

In zwei ausführlichen Literaturbesprechungen zur gegenwärtigen Diskussion über die Streitfrage *versus orientem – versus populum* bietet Albert Gerhards

[6] Ratzinger (2000), 11-19.
[7] Meßner (2001), 198; siehe jetzt auch Meßner (2003), 27: «Die ‹Mitte› der zum Gottesdienst versammelten Gemeinde ist exzentrisch, d.h. sie ist nicht einfach durch kirchenbauliche Gegebenheiten darstellbar.»
[8] Heinz (2002), 125.

eine sachliche und nützliche Darstellung der einschlägigen Beiträge.[9] Dabei räumt er ein:

> Die Liturgische Bewegung hatte in ihrer christozentrischen Ausrichtung sicherlich ein trinitätstheologisches Defizit, das sich möglicherweise auch auf die Liturgie des Zweiten Vatikanischen Konzils ausgewirkt hat. Ratzinger wie Lang fordern diese Dimension zu Recht ein.[10]

Unter der Überschrift «Nachdenklichkeit aufgrund reflektierter Praxis» gibt er zu bedenken:

> Die von Autoren wie Ratzinger und Lang problematisierte Situation des ständigen Gegenübers wird auch von der Erfahrung der Gemeindepraxis her hinterfragt.[11]

Die von Gerhards als Antwort auf diese Gemeindeerfahrung vorgestellten Raumlösungen vermögen mich allerdings nicht zu überzeugen.

Gerhards verweist auch darauf, daß im derzeitigen liturgiewissenschaftlichen Diskurs die Voraussetzungen für eine konstruktive Wiedergewinnung der Opferkategorie recht günstig seien, wobei er zurecht

[9] Vgl. Gerhards (2001) und (2002).

[10] Gerhards (2002), 20; zur gegenwärtigen Diskussion über die angemessene Raumgestalt der katholischen Liturgie siehe auch Gerhards (2003).

[11] Gerhards (2001), 208. Eine Kritik des ständigen Gegenübers von Priester und Gemeinde findet sich auch bei van Tongeren (2002), 165: «Cela favorise une consommation passive plutôt qu'une participation active. ... le chœur adresse la louange de Dieu à l'assemblée, et ... le président n'adresse pas sa prière à Dieu mais à l'assemblée; il ne précède pas l'assemblée dans la prière mais adresse une prière en présence de la communauté».

betont, daß diese Kategorie nicht gegen den Mahlcharakter der Eucharistie ausgespielt werden dürfe.[12] Daß eine Verbindung von Opfer und Gebetsrichtung besteht, scheint mir offenkundig.[13] Hier bedarf es aber weiterer gründlicher Studien, für die sich m.E. besonders der syrische Raum empfiehlt, wo die Ostung in literarischen Quellen und archäologischen Monumenten klar bezeugt und der eucharistische Opferbegriff von Autoren wie Theodor von Mopsuestia oder Narsai theologisch reich entfaltet wird.

Die von mir vorgeschlagene Verbindung eines Gegenübers von Priester und Gläubigen für die Eröffnung, den Wortgottesdienst, den Kommunionteil und die Entlassung mit einer gemeinsamen Ausrichtung der liturgischen Versammlung zum Altar für die Eucharistiefeier im engeren Sinn, besonders für das Hochgebet, ist von verschiedenen Seiten kritisiert worden. Rudolf Kaschewsky unterstreicht das latreutische Element auch in der Verkündigung und hält daher die gemeinsame Ausrichtung auch beim Wortgottesdienst für «sinnvoll und geboten».[14] Aus einer freilich anderen Perspektive meint Gerhards, die zur Diskussion gestellte Modifikation stelle «das Axiom der Gleichrichtung selbst in Frage».[15] Die Verkündigung des Gotteswortes hat sicher ein latreutisches Element, was besonders deutlich wird, wenn sie in feierlicher Weise erfolgt (Leuchter, Weih-

[12] Gerhards (2001), 210.
[13] Gegen Häußling (2000), 157.
[14] Kaschewsky (2000), 311.
[15] Gerhards (2002), 18.

rauch, Prozession mit Evangeliar, Singen der Evangeliumsperikope). Beide Einsprüche berücksichtigen m.E. aber nicht die unterschiedliche Akzentuierung von Wortgottesdienst und eigentlicher Eucharistiefeier. Der katabatische Aspekt steht bei der Verkündigung im Vordergrund, wenn die Gemeinde auf das Wort Gottes hört, der anabatische Aspekt steht bei der eucharistischen Liturgie (die Kommunion ausgenommen) im Vordergrund, wenn die Gemeinde unter der Führung des Priesters hintritt vor Gott zur Feier des Opfers Christi.[16]

An dieser Stelle sei den Herausgebern der Zeitschrift *Forum Katholische Theologie* für die Erlaubnis gedankt, die überarbeitete Fassung meines Aufsatzes zu veröffentlichen. Mein besonderer Dank gilt allen, die in vielfältiger Weise am Entstehen dieser Studie beteiligt waren, vor allem den Professoren Sible de Blaauw, Peter Bruns, Stefan Heid, Bertram Stubenrauch und Martin Wallraff sowie Charles Scott Gibson, deren Hilfe, Anregungen und Kritik mich oft weiterbrachten. Gewidmet sei das Buch Pater Felix Selden, dem Präpositus des Wiener Oratoriums, der den Anstoß zu meiner Beschäftigung mit dem Thema gab.

[16] Pierre-Marie Gy geht in seiner leider durchwegs *ad hominem* gehaltenen Kritik von Kardinal Ratzingers Buch *Der Geist der Liturgie* auch auf die Frage der Gebetsostung ein, seine Ausführungen sind allerdings weder auf dem Stand der historischen Forschung noch auf der Höhe der theologischen Diskussion, siehe Gy (2002), 61-62. Siehe jetzt die Antwort von Ratzinger (2002b).

I.

LITURGIEREFORM UND STELLUNG DES LITURGEN AM ALTAR

Eine der augenfälligsten Veränderungen im Zuge der nach dem Zweiten Vatikanischen Konzil durchgeführten Reform des römischen Meßritus ist die Errichtung eines zum Volk gewandten Altars. Es ist, von wenigen Ausnahmen abgesehen, zur Regel geworden, daß der Liturge bei der Feier der Eucharistie hinter dem Altar steht im Gegenüber zu den Gläubigen. Die Einheitlichkeit, mit der sich in wenigen Jahren die «*celebratio versus populum*» in der ganzen römisch-katholischen Kirche verbreitete, führte zu dem Mißverständnis, die Abwendung des Priesters vom Volk sei charakteristisch für den Alten Ritus nach dem Missale Papst Pius' V., wohingegen die Zuwendung des Priesters zum Volk zum *Novus Ordo Missae* Papst Pauls VI. gehöre.[17] Auch wird in der allgemeinen Öffentlichkeit nicht selten angenommen, die Stellung des Zelebranten *versus populum* in der Meßfeier sei gefordert, ja sogar vorgeschrieben von der durch das II. Vaticanum inaugurierten Liturgiereform.

[17] So wird in der F.A.Z. eine Abbildung von einem Pontifikalamt, das von Kardinal Wendel im Jahre 1959 zelebriert wurde, folgendermaßen kommentiert: «An der Stellung des Altars erkennt man, dass der Zelebrant vor dem Konzil mit dem Rücken zur Gemeinde stand»; Schuler (1999). Die Bildauswahl und -unterschrift obliegen hier allerdings nicht dem Autor des Beitrags, sondern allein der Redaktion.

Jedoch belehrt das Studium der konziliaren und nachkonziliaren Dokumente eines besseren. In der Liturgiekonstitution *Sacrosanctum Concilium* ist weder von einer Zelebration *versus populum* noch von der Errichtung neuer Altäre die Rede. Angesichts dieser Tatsache ist es umso erstaunlicher, wie Josef Andreas Jungmann bereits im Jahre 1967 bemerkte, mit welcher Allgemeinheit landauf landab «Altäre *versus populum*» aufgestellt wurden.[18] Die Instruktion *Inter Oecumenici* vom 26. September 1964 enthält in dem Kapitel über die Neuerrichtung von Kirchen und Altären einen Paragraphen zur Position des Altars:

> *Praestat ut altare maius exstruatur a pariete seiunctum, ut facile circumiri et in eo celebratio versus populum peragi possit ...* .[19]

Es wird als wünschenswert (*praestat*, wörtlich: «es ist besser») bezeichnet, den Hochaltar von der Rückwand getrennt zu errichten, damit er leicht umschritten werden könne und eine Zelebration zum Volk hin gewandt *möglich* sei. Jungmann gibt zu bedenken:

> Es wird nur die Möglichkeit betont. Und selbst dafür wird, wenn man den lateinischen Text der Bestimmung nachsieht, nicht einmal eine Vorschrift, sondern nur eine Empfehlung gegeben ... Durch die neue Ordnung wird nur gegenüber etwaigen Hemmungen oder

[18] Jungmann (1967), 375.
[19] Sacra Congregatio Rituum (1964), 898 (Nr. 91).

lokalen Einschränkungen die allgemeine Erlaubtheit einer solchen Altaranlage betont.[20]

In einem Brief an die Vorsitzenden der Bischofskonferenzen vom 25. Januar 1966 erklärt Giacomo Kardinal Lercaro, der Vorsitzende des *Consilium* zur Ausführung der Liturgiekonstitution, daß bei der Erneuerung der Altäre «Klugheit ... die Führung behalten» müsse:

> Erstens ist die Wendung des Altars zum Volk hin für eine lebendige Teilnahme an der Liturgie nicht unentbehrlich: Der gesamte Wortgottesdienst der Messe wird am Priestersitz oder am Ambo, also im Gegenüber zur Gemeinde, gefeiert. Was den eucharistischen Teil betrifft, so ermöglichen nunmehr allgemein gewordene Lautsprecheranlagen die Teilnahme zur Genüge. Zweitens ist auf die Architektur und künstlerische Ausstattung zu achten, die in vielen Ländern auch von strengen bürgerlichen Gesetzen geschützt werden.[21]

Unter Verweis auf Kardinal Lercaros Mahnung zur Klugheit warnte Jungmann davor, aus der von der *Instructio* gewährten Möglichkeit «eine absolute Forderung und schließlich eine Mode» werden zu lassen, «der man sich gedankenlos unterwirft».[22]

[20] Jungmann (1967), 375.
[21] Lercaro (1966), 160, zitiert in der Übersetzung von Rennings–Klöckener (1983), 311.
[22] Jungmann (1967), 380, und Napier (1972), 624. Vgl. Lorenzer (1991), 158: «Zwischen den Konzilsdokumenten und den Resultaten klafft eine bemerkenswerte Differenz. Wo die Texte noch vorsichtig-abwägend Möglichkeiten eröffnen, ist die reale Umstellung zum Rundumkahlschlag geworden».

Inter Oecumenici erklärt die Feier der Messe *versus populum* für erlaubt, jedoch nicht für vorgeschrieben. Wie Louis Bouyer schon im Jahre 1967 unterstrich, wird hier nicht im geringsten angedeutet, diese sei überall und immer die bestmögliche Art der Meßfeier.[23] Die Rubriken des *Missale Romanum* Pauls VI. scheinen eine Gleichrichtung im Gebet von Priester und Volk bei wesentlichen Teilen der Eucharistiefeier vorauszusetzen. Dies geht daraus hervor, daß bei dem *Orate, fratres*, dem *Pax Domini*, dem *Ecce, Agnus Dei* und dem *Ritus conclusionis* jeweils angeführt wird, daß der Priester sich hierfür dem Volk zuwendet.[24] Diese Bestimmungen implizieren, daß der Zelebrant vorher dem Altar zugewandt ist. Vor der Priesterkommunion heißt es «*ad altare versus*»,[25] was bei einer «*celebratio versus populum*» ohnehin der Fall und somit hier unnötig wäre.[26] Auch in der dritten *Editio typica*

[23] Bouyer (1993), 99-100.

[24] *Missale Romanum* (1970), *Ordo Missae cum populo*, 391 (Nr. 25: *versus ad populum*), 473 (Nr. 128: *ad populum conversus*), 474 (Nr. 133: *ad populum versus*) und 475 (Nr. 142: *versus ad populum*).

[25] *Missale Romanum* (1970), *Ordo Missae cum populo*, 474 (Nr. 134). Dasselbe gilt für die entsprechenden Bestimmungen der *Institutio Generalis*, Nr. 107, 115, 116 und 122 (vgl. zur Konzelebration Nr. 198 und 199), auch wenn sie im einzelnen von den Rubriken des *Ordo Missae cum populo* abweichen.

[26] Vgl. Nußbaum (1971), 149: «Wie wenig die Liturgiereform jedoch die Eucharistiefeier *versus populum* zur alleinigen Norm machen will, zeigt deutlich die Tatsache, daß bei der Überarbeitung des ‹Ritus servandus in celebratione Missae› und folglich auch im Ordo Missae von 1965 und 1967 der

des erneuerten *Missale Romanum*, die von Papst Johannes Paul II. am 10. April 2000 approbiert wurde und im Frühjahr 2002 erschien, sind diese Rubriken beibehalten worden.[27]

Diese Lesart der offiziellen Dokumente ist von der römischen Gottesdienstkongregation in deren Mitteilungsorgan *Notitiae* ausdrücklich bestätigt worden. In einem «Editoriale» dieser Zeitschrift heißt es, die Errichtung eines Altars, der eine Zelebration *versus populum* erlaube, sei keine «*quaestio stantis vel cadentis liturgiae*». Die Hinweise Kardinal Lercaros zu dieser Frage seien nur wenig in Rechnung gestellt worden im Augenblick der nachkonziliaren Euphorie, was auch für andere Aspekte der Liturgiereform gelte. So habe sich gezeigt, daß die Neuorientierung des Altars und der Gebrauch der Volkssprache zum wohlfeilen Ersatz für eine wirkliche Erschließung des theologischen und spirituellen Gehalts der Liturgie werden könne.[28]

Zelebrant nach wie vor angewiesen wird, sich der Gemeinde zuzuwenden, wenn er sie, wie etwa beim liturgischen Gruß, unmittelbar anspricht. Daran hält auch der Novus Ordo Missae innerhalb der Liturgia Eucharistica fest». Nußbaum ist ein Befürworter der Zelebration *versus populum*, er konzediert jedoch, daß ihr in der Liturgiereform gegenüber der Gleichrichtung von Zelebrant und Gemeinde nicht der Vorrang oder gar die Alleingültigkeit gegeben wurde, und spricht von einem «Sowohl – Als auch», ebd., 150.

27 *Missale Romanum* (2002), *Ordo Missae*, 515 (Nr. 28), 600 (Nr. 127), 601 (Nr. 132 und 133), 603 (Nr. 141).

28 «Cambiare l'orientamento dell'altare e utilizzare la lingua vernacola risultarono essere cose molto più facili che l'entrare nel senso teologico e spirituale della liturgia, imbeversi del

In der im Frühjahr 2000 zu Studienzwecken veröffentlichten *Institutio Generalis* zur dritten *Editio typica* des erneuerten *Missale Romanum* wird zur Altarfrage ausgeführt:

> *Altare exstruatur a pariete seiunctum, ut facile circumiri et in eo celebratio versus populum peragi possit, quod expedit ubicumque possibile sit.*[29]

Die zurückhaltende Formulierung dieses Paragraphen (man beachte das zweifache *possit – possibile*) signalisiert unmißverständlich, daß die *celebratio versus populum* nicht erzwungen werden soll, vielmehr sollen beide Formen der Zelebration ermöglicht werden. Jedenfalls bezieht sich die Beifügung «*quod expedit ubicumque possibile sit*» auf die Errichtung eines freistehenden Altars, nicht auf die Position des Priesters *versus populum*.[30] Dennoch wurde in verschiedenen Pressemitteilungen diese Bestimmung dahingehend gedeutet, daß hierdurch die Zelebration *versus orientem* bzw. *versus absidem* ausgeschlossen werde. Jedoch lehnte die Kongregation für den Gottesdienst und die Sakramentendisziplin in einer am 25. September 2000 verfaßten Antwort auf ein vom Wiener Erzbischof Christoph

suo spirito, studiare la storia e il senso dei riti e analizzare le ragioni dei cambiamenti attuati e delle loro conseguenze pastorali», Congregatio de Cultu Divino et Disciplina Sacramentorum, «Editoriale: Pregare ‹ad orientem versus›», in: *Not.* 29 (1993), 245-249 (im folgenden zitiert als: *Notitiae* [1993]), hier 247.

29 *Missale Romanum* (2002), *Institutio Generalis*, Nr. 299.

30 Eine sorgfältige Lektüre dieses Textes ist bei Cullen–Koterski (2001) zu finden.

Kardinal Schönborn gestelltes *Quaesitum* diese Interpretation klar ab. Das *Responsum*, das vom Präfekten der Kongregation, Jorge A. Kardinal Medina Estévez, und ihrem Sekretär, Erzbischof Francesco Pio Tamburrino, unterzeichnet ist, erklärt:

> Zunächst muß berücksichtigt werden, daß das Wort *expedit* keine Verpflichtung darstellt, sondern einen Vorschlag bezüglich der Anlage eines freistehenden (*a pariete seiunctum*) Altars und der Zelebration zum Volk hin (*versus populum*). Der Satz *ubi* [*sic*!] *possibile sit* bezieht sich auf verschiedene Aspekte, z.B. die räumliche Anlage, den verfügbaren Platz, den künstlerischen Wert des bestehenden Altars, das Empfindungsvermögen der Gemeinde, die an den liturgischen Feiern in der betreffenden Kirche teilnimmt etc. [*sc.* Dieser Satz] bekräftigt, daß die zu der Versammlung hin gewandte Stellung angemessener scheint, insofern sie die Kommunikation vereinfacht (vgl. das *Editoriale* in: *Notitiae* 29 [1993] 245-249), ohne jedoch die andere Möglichkeit auszuschließen. Wie immer jedoch die Stellung des zelebrierenden Priesters sein mag, es ist klar, daß das eucharistische Opfer dem einen und dreieinigen Gott dargebracht wird und daß der eigentliche, ewige Hohepriester Jesus Christus ist, der durch den Dienst des Priesters, der sichtbar als sein Werkzeug [*sc.* dem Gottesdienst] vorsteht, handelt. Die liturgische Versammlung nimmt an der Feier teil kraft des gemeinsamen Priestertums der Gläubigen, welches den Dienst des geweihten Priesters erfordert, damit es in der eucharistischen Versammlung ausgeübt werden kann. Die physische Stellung, besonders hinsichtlich der Kommunikation zwischen den verschiedenen Gliedern der Versammlung, muß unterschieden werden von der inneren geistlichen Ausrichtung aller.

> Es wäre ein schwerer Irrtum, sich vorzustellen, die grundsätzliche Ausrichtung der Opferhandlung sei auf die Gemeinschaft hin. Wenn der Priester *versus populum* zelebriert, was erlaubt und oft ratsam ist, sollte seine geistliche Haltung stets *versus Deum per Iesum Christum* sein, stellvertretend für die ganze Kirche. Auch die Kirche, die konkrete Form annimmt in der teilnehmenden Versammlung, ist in ihrer ersten geistlichen Bewegung ganz zu Gott hin gewandt. ...[31]

Daraus geht deutlich hervor, daß der einschlägige Paragraph der *Institutio Generalis* im Lichte dieser Klarstellung gelesen werden muß.[32]

An Stimmen, die sich kritisch zum Siegeszug der Zelebration *versus populum* äußerten, fehlte es schon in den sechziger Jahren nicht. Neben Jungmann und Bouyer ist auch Walter Dürig zu nennen, der für Durchschnittspfarreien den Altar *versus populum* ablehnte.[33] Bemerkenswert sind die Anfragen des Konzilstheologen Joseph Ratzinger auf seiner international beachteten Bamberger Katholikentagsrede aus dem Jahre 1966:

> Wer könnte des weiteren leugnen, daß es Übersteigerungen und Einseitigkeiten gibt, die ärgerlich und un-

[31] Congregatio de Cultu Divino et Disciplina Sacramentorum (2000), 171-172 (Übersetzung aus dem Italienischen U.M.L.). Das *Responsum* mit der Protokoll-Nummer 2036/00/L ist erstaunlicherweise nicht in *Notitiae* veröffentlicht, sondern in *Communicationes*, dem Mitteilungsorgan des Päpstlichen Rates für die Interpretation von Gesetzestexten.

[32] Vgl. die Bemerkungen von Nebel (2002), 278, Fn. 72.

[33] Dürig (1966), 20.

> angemessen sind? Muß eigentlich wirklich jede Messe versus populum zelebriert werden? Ist es eigentlich so wichtig, dem Priester ins Gesicht schauen zu können oder ist es nicht oft recht heilsam, daran zu denken, daß er Mitchrist mit den anderen ist und so allen Grund hat, sich gemeinsam mit ihnen zu Gott hin zu wenden und so mit allen zu sagen ‹Vater unser›?[34]

Balthasar Fischer räumt ein, daß die Wendung des Zelebranten zum Volk während der gesamten Meßfeier von der Liturgiereform niemals offiziell eingeführt oder vorgeschrieben worden sei. In nachkonziliaren Dokumenten wurde sie lediglich für möglich erklärt. Daß nun angesichts dessen die «*celebratio versus populum*» zur nahezu ausschließlich herrschenden Praxis geworden ist, zeige das erstaunliche Ausmaß, in dem «die aktive Rolle des Volkes bei der Eucharistiefeier» – für Fischer die Grundaussage der Liturgiereform des II. Vaticanums – verwirklicht worden sei.[35] Der Vorrang der Meßfeier *versus populum* wird liturgiegeschichtlich abgeleitet unter Berufung auf die vermeintliche Praxis der Alten Kirche und theologisch begründet durch den von Papst Pius X. eingeführten und für *Sacrosanctum Concilium* zentralen Begriff der *participatio actuosa* der Gläubigen in der Liturgie.[36]

34 Ratzinger (1966), 253.

35 Fischer (1991), 422-423.

36 Ebenso Nußbaum (1965), 22 (Seitenangaben zu Nußbaum [1965] beziehen sich stets auf den ersten Band dieser Studie), und Neunheuser (1996), 442-443.

Demgegenüber soll diese Studie dazu dienen, die gemeinsame Ausrichtung von Priester und Gemeinde bei der eucharistischen Liturgie als geschichtlich früh bezeugte und angemessene Form der Feier aufzuweisen. Auf diese Weise soll auch deutlich werden, daß das ständige Gegenüber von Priester und Volk einer wirklichen Teilnahme der Gläubigen, wie sie vom II. Vaticanum gefordert wird, nicht unbedingt zuträglich ist. In letzter Zeit hat eine Neubesinnung auf die *participatio actuosa* eingesetzt, welche die nachkonziliare Interpretation dieses wichtigen Grundsatzes einer kritischen Würdigung unterzieht und auf eine theologische Vertiefung dringt. In diesem Sinne schreibt Kardinal Ratzinger zur eucharistischen Liturgie im Unterschied zum Wortgottesdienst:

> Daß hier die äußeren Handlungen durchaus sekundär sind, sollte deutlich ins Bewußtsein gehoben werden. Das Agieren muß überhaupt aufhören, wenn das Eigentliche kommt: die oratio. Und es muß sichtbar sein, daß nur die oratio das Eigentliche ist und daß sie wiederum deshalb wichtig ist, weil sie Raum gibt für die actio Gottes. Wer dies begriffen hat, sieht auch leicht ein, daß es nun nicht mehr darum geht, den Priester anzuschauen oder ihm zuzuschauen, sondern daß es darum geht, gemeinsam auf den Herrn hinzuschauen und ihm entgegenzugehen.[37]

In der bereits angeführten Stellungnahme der Gottesdienstkongregation wird betont, daß die Redeweise

[37] Ratzinger (2000), 150, vgl. 147-152; siehe auch die kritischen Bemerkungen von Kunzler (2000), 217-224, sowie Torevell (2000).

«zum Volk hin gewandt zelebrieren» kein theologisches Konzept ist. Es handelt sich vielmehr um eine topographische Beschreibung.[38] Der Ausdruck *versus populum* scheint erstmals von dem päpstlichen Zeremoniär Johannes Burckard in seinem *Ordo Missae* vom Jahre 1502 verwendet worden zu sein[39] und wurde aufgenommen in den *Ritus servandus in celebratione Missae* des *Missale Romanum* Pius' V. aus dem Jahre 1570. Dort wird der Fall behandelt, daß der Altar nach Osten und zum Volk hin gerichtet ist (*si altare sit ad orientem, versus populum*),[40] d.h. nicht zur Apsis hin, wie in vielen gewesteten Basiliken der Stadt Rom. «*Versus populum*» ist als erklärende Beifügung anzusehen, nämlich im Hinblick auf die unmittelbar folgende Bestimmung, daß der Zelebrant sich in diesem Falle beim *Dominus vobiscum* und an anderen Stellen der Meßfeier nicht umzudrehen braucht (*non vertit humeros ad altare*), da er ja bereits *ad populum* gewandt ist. In diesem topographischen Sinne sind auch die einschlägigen Passagen bei Amalarius (um 830)[41] und

[38] *Notitiae* (1993), 249: «‹celebrare rivolti al popolo› non ha un senso teologico, ma solo topografico-posizionale».

[39] *Ordo Missae Ioannis Burckardi*: hg. von Legg (1904), 142; vgl. Nußbaum (1971), 160-161.

[40] *Missale Romanum* (1570), *Ritus servandus in celebratione Missae* V, 3. Die *Editio princeps* des pianischen *Missale Romanum* ist jetzt zugänglich in der Studienausgabe von Sodi–Triacca (1998).

[41] Amalarius gebraucht die topographischen Bezeichnungen *ad orientem* und *ad populum*, wenn er erklärt, daß der Zelebrant vor dem Altar nach Osten gerichtet steht und sich

Durandus (gegen Ende des 13. Jahrhunderts)[42] zu deuten.

Keineswegs ist in diesen Texten mit «*versus populum*» eine Verbindung des Volkes mit dem Geschehen am Altar in der Weise gemeint, daß nichts die Sicht der Gläubigen auf die Handlungen des Zelebranten erschweren, geschweige denn versperren sollte. Eine solche Auffassung war dem Liturgieverständnis von der christlichen Antike bis in das Mittelalter fremd – für die Ostkirchen gilt dies noch heute –, weshalb auch bei Altaranlagen «*versus populum*» die Sicht zuweilen durch die baulichen Gegebenheiten erheblich eingeschränkt war.[43]

Wie in den Orientierungspunkten der Gottesdienstkongregation betont wird, kann die theologische Dimension der eucharistischen Liturgie durch den Ausdruck «*versus populum*» nicht zur Geltung gebracht werden. Jede Feier der Eucharistie wird

zum liturgischen Gruß umwendet, *Liber officialis* III,9: hg. von J.M. Hanssens (StT 139), II, 288-290. Zu Amalarius allgemein siehe jetzt Steck (2000).

42 *In ecclesiis vero ostia ab oriente habentibus, ut Rome, nulla est in salutatione necessaria conversio, quia sacerdos in illis celebrans semper ad populum stat conversus*; Durandus, *Rationale divinorum officiorum* V,II,57: CChr. CM 140A, 42-43.

43 Vgl. Jungmann (1966), 447: «Ein tief ins Schiff hineinreichender, hochumschrankter Raum für Sänger und Klerus, Altar unter Ziborium, von Klerikern umstanden; schlechte Verbindung aus dem Seitenschiff»; siehe auch Nußbaum (1965), 418-419.

begangen *ad laudem et gloriam nominis Dei, ad utilitatem quoque nostram, totiusque Ecclesiae suae sanctae*. Theologisch ist freilich die Messe als ganze, Wortgottesdienst und Eucharistiefeier, immer zu Gott und zum Volk hin gewandt. In der Gestalt der Feier ist darauf zu achten, daß Theologie und Topographie nicht verwechselt werden, besonders wenn der Priester am Altar steht. Nur während der Dialoge am Altar spricht der Priester zum Volk. Alles andere ist Gebet zum Vater durch Christus im Heiligen Geist. Diese Theologie muß sichtbar sein.[44]

Auch Kardinal Ratzinger hat herausgestellt, daß die Liturgie stets trinitarisch durch Christus im Heiligen Geist zum Vater hin gefeiert wird. Wie läßt sich das am besten sinnenhaft in der liturgischen Gebärde ausdrücken? Wenn wir mit jemandem sprechen, so wenden wir uns ihm selbstverständlich zu. Für die liturgische Versammlung gilt entsprechend, daß das Gebet von Priester und Volk eine gemeinsame Richtung auf den göttlichen Gesprächspartner hin erfordert. Ratzinger wendet sich zurecht gegen die irrige Vorstellung, in diesem Fall sei der Priester «zum Altar», «zum Allerheiligsten» oder gar «zur Wand» hin gekehrt.[45] Die Eucharistie wird gerade nicht «mit dem Rücken zum Volk» gefeiert – das hieße Theologie und Topographie verwechseln –, sondern in

[44] *Notitiae* (1993), 249: «Questa teologia deve poter essere visibile».
[45] Ratzinger (^{3}1993), 121-123.

der Gleichwendung von Priester und Volk hin zu Gott. Auch Reinhard Meßner gibt zu bedenken, daß von der Sache her nicht über die «*celebratio versus populum*», sondern vielmehr über die Frage der Gebetsostung gesprochen werden müsse.[46] Die folgenden historischen und theologischen Überlegungen wollen die nicht aufgebbare Bedeutung der Ostung beim liturgischen Gebet aufweisen.

[46] Meßner (1995), 201, Fn. 99, und besonders (2003), 27-30; in diesem Sinne auch Wallraff (2001), 72, Fn. 53.

II.

GEBETSRICHTUNG, LITURGIE UND KIRCHENBAU IN DER FRÜHEN KIRCHE

1. Das christliche Prinzip der Gebetsostung

Franz Joseph Dölger zeigt in seiner grundlegenden Studie über die Ostung in Gebet und Liturgie,[47] daß es bereits im Sonnenkult der heidnischen Antike ein weithin verbreitetes Prinzip war, sich beim Gebet nach Osten zu wenden. Diese Praxis findet sich im ganzen Orient bis nach Indien.[48] Eine Variante des Sonnenkults begegnet uns im Manichäismus, wovon Augustinus, der zeitweise «Hörer» dieser Religion war, berichtet. Offensichtlich folgten die Manichäer bei ihren Gebetsübungen dem Lauf der Sonne und richteten sich jeweils nach deren Stand aus. Von den Christen wurde diese Gewohnheit als glaubenswidrig bekämpft.[49] Die Wendung zur aufgehenden Sonne im Gebet finden wir bei den Griechen, etwa im theurgischen Neuplatonismus des Proclus. Auch

[47] Dölger (^{2}1925). Die dritte Auflage des Buches von 1972 ist ein um Hinweise vermehrter photomechanischer Nachdruck der zweiten Auflage von 1925. Jetzt auch Podossinov (1991), 233-286, und Wallraff (2001), 60-88: «Die Sonne als Grund der christlichen Gebetsostung».

[48] Vgl. Dölger (^{2}1925), 20-38. Zu der schwierigen Frage nach dem Verhältnis von Sonnenkult und Jahweglauben im alten Israel siehe Taylor (1993), mit umfassender Bibliographie.

[49] Aug., *C. Fortunatum* 3: CSEL 25, 84-85; *Faust.* XIV,11: CSEL 25, 411-412 und XX,5: 540.

in der religiösen Praxis der Römer war diese Orientierung gebräuchlich, und zwar abgelöst vom Sonnenkult und unabhängig von der Gebetszeit. Der Osthimmel galt als die Götterheimat und somit als Glückssymbol.[50]

Zum Verständnis der christlichen Gebetsostung reicht es jedoch nicht aus, auf das Umfeld der heidnischen Antike zu blicken;[51] vielmehr muß dieses Thema im Kontext der Ablösung des frühen Christentums vom Judentum behandelt werden. Juden in der Diaspora wandten sich zum Gebet nach Jerusalem, genauer gesagt, zur Gegenwart des transzendenten Gottes (*Schekhina*) im Allerheiligsten des Tempels.[52] Auch nach der Zerstörung des Tempels war es im Synagogengottesdienst weitgehend üblich, nach Jerusalem gekehrt zu beten, wodurch die eschatologische Hoffnung auf das Kommen des Messias, die Wiedererrichtung des Tempels und die Sammlung des Gottesvolkes aus der Zerstreuung ihren

[50] Vgl. Dölger (^{2}1925), 38-60.

[51] Hier ist zu beachten, was Walter Burkert als grundsätzliche Einsicht der religionswissenschaftlichen Erforschung der Antike formuliert: «Für die konkrete Situation der frühen Kaiserzeit wird man das Jüdische und das darauf aufbauende Christliche in seiner Besonderheit, in seiner Originalität anerkennen müssen», Burkert (1996), 43; siehe hierzu auch Vogel (1967).

[52] So Daniel in Babylon: «In seinem Obergemach waren die Fenster nach Jerusalem hin offen. Dort kniete er dreimal am Tag nieder und richtete sein Gebet und seinen Lobpreis an seinen Gott, ganz so, wie er es gewohnt war», Dan 6,11; siehe auch 1 Kön 8,38.44.48; vgl. die entsprechenden Bestimmungen in Mischna, *Ber* 4,5-6 und Tosefta, *Ber* 3,15-16.

sinnenhaften Ausdruck erhielt. Die Gebetsrichtung nach Jerusalem war somit untrennbar verbunden mit der messianischen Hoffnung Israels.[53]

Georg Kretschmar sieht einen Zusammenhang zwischen einer Lokaltradition der Jerusalemer Urgemeinde und der Ausbildung der christlichen Gebetsostung. Ausgehend von alttestamentlichen Prophetien (Ez 11,23; 43,1f.; 44,1f.; Sach 14,4) erwartete man die Wiederkunft des Herrn auf dem Ölberg, der auch als der Ort der Himmelfahrt Christi verehrt wurde (Apg 1,9-12). Wenigstens in der Paschanacht betete man zum Ölberg hin – und damit nach Osten. Im Zuge der Ereignisse des Jahres 70 n.Chr. löste sich die Parusieerwartung vom Ölberg, und die Gebetsrichtung ging in eine allgemeine Ostung über.[54] Allerdings hat Stefan Heid darauf hingewiesen, daß die Quellen für eine Lokaltradition, wonach die Wiederkunft Christi auf dem Ölberg erfolgen werde, nicht bis vor das Jahr 70 zurückreichen und es daher für diese frühe Zeit fraglich ist, ob die Christen der Urgemeinde zum Ölberg hin gebetet hätten. Abgesehen davon wenden sich aufgrund der topographischen Situation Jerusalems auch Juden, wenn sie sich nicht im Tempelbezirk befinden, nach Osten bzw. Nordosten zum Allerheiligsten hin – und damit ebenso in Richtung Ölberg.[55]

[53] Peterson (1959), 1-4, und Bouyer (1993), 23-26.
[54] Kretschmar (1971), 201-205.
[55] Heid (2001), 150-159.

Fest steht, daß die messianische Bedeutung der Gebetsrichtung im Brennpunkt der Auseinandersetzungen stand, die letztlich zur Ablösung des Christentums vom Judentum führten. Dieser Prozeß kann jedoch nicht ausschließlich als Abgrenzung von seiten der frühen Kirche aufgefaßt werden, als ob die Christen die jüdische Wendung nach Jerusalem durch die Ostung ersetzt hätten. Denn auch die jüdische Tradition kannte das Gebet nach Osten (etwa Weish 16,28),[56] und zwar ebenso die Essener wie auch das rabbinische Judentum der ersten Jahrhunderte nach Christi Geburt. Tatsächlich sind Synagogen aus der Zeit vom zweiten bis zum vierten Jahrhundert erhalten, deren Türen nach Osten ausgerichtet sind. Die Tosefta bezeugt, daß nach der Zerstörung Jerusalems im Jahre 70 n.Chr. in bestimmten Teilen des Judentums der Versuch unternommen wurde, die Ausrichtung des Tempels, dessen Allerheiligstes sich nach Osten öffnete, nachzuahmen. Demgemäß sollten die Türen der Synagogen nach Osten gerichtet sein. Diese Nachahmung des Tempels scheint eine gewisse Verbreitung erfahren zu haben, denn sie wurde später von einem palästinischen Rabbi verboten, was man dem Babylonischen Talmud entnehmen kann.[57] Es ist anzunehmen, daß sich die Gemeinde in Synagogen mit Eingangsostung beim Gebet zu den Türen hin wandte, nicht zur

[56] Zur Exegese dieser Stelle im hellenistischen Judentum Alexandriens siehe Dölger (^{2}1925), 165-167.

[57] Tosefta, *Meg* 4[3], 22, und Babylonischer Talmud, *Men* 109b.

westlichen Mauer.[58] Dafür spricht wohl, daß es aus der Zeit unmittelbar nach der Zerstörung des Tempels Synagogen gibt, die mit dem Eingang nach Jerusalem ausgerichtet sind, vor allem in Galiläa.[59] Dies entspricht der grundsätzlichen Empfindung der Antike, daß man Gebete wenn möglich zum offenen Himmel verrichten sollte. Daher wandte man sich in geschlossenen Räumen zur geöffneten Tür oder zum offenen Fenster. Mit der Entwicklung eines festen Thoraschreins an der Wand gegenüber dem Eingang scheint es zu einem Konflikt gekommen zu sein zwischen der Verehrung für die Heilige Schrift und der Wendung in Richtung der Türen zum Gebet. Daher setzte es sich mit der Zeit durch, daß die Wand mit dem Thoraschrein und nicht länger der Eingang die «*sacred direction*» anzeigte.[60]

Martin Wallraff meint, daß bis zum zweiten Jahrhundert die Gebetsrichtung nach Osten im Judentum einen ebenso breiten Traditionsstrom wie die Gebetsrichtung nach Jerusalem darstellte. Im frühen Christentum habe es sich ähnlich verhalten, wie die Praxis der Elchasaiten und der Ebioniten zeige. Epiphanius von Salamis berichtet, daß Elchasai, das

58 Dies wird von Wilkinson (1984) nicht beachtet.

59 Landsberger (1957), Seager (1973) und (1981), sowie Wallraff (1999), 466-468. Wallraff (2000), 179, Fn. 34, verweist auch darauf, daß sich die ganze Gemeinde beim Empfang des Sabbat der Eingangstür der Synagoge zuwendet, um die «Sabbatbraut» zu begrüßen, während der Hymnus *Lekha dodi* gesungen wird; vgl. Trepp (1992), 57-58.

60 Vgl. Landsberger (1957), 181-193.

Haupt einer judenchristlichen Sekte gegen Ende des ersten Jahrhunderts, die Ostung zum Gebet, einen offensichtlich bereits bestehenden Brauch der Christen Palästinas und Syriens, verbot und die Ausrichtung nach Jerusalem vorschrieb.[61] Die von Epiphanius suggerierte klare Abgrenzung zwischen Judentum und Christentum hält Wallraff für einen Anachronismus, der den komplexen Verhältnissen des ersten Jahrhunderts nicht gerecht werde, vielmehr habe das frühe Christentum an beiden jüdischen Traditionen teil. Die Ausbildung der spezifisch christlichen Gebetsrichtung (ebenso wie der spezifisch jüdischen) kam somit nicht durch eine einseitige Ablösung des Christentums vom Judentum zustande, sondern durch einen Prozeß gegenseitiger Beeinflussung und zunehmender Entfremdung.[62] Wallraff zeigt überzeugend, daß das Verhältnis zwischen Judentum und Christentum hinsichtlich der Gebetsrichtung in den ersten beiden Jahrhunderten differenzierter war als bisher angenommen. Tatsächlich gab es Juden, die sich zum Gebet nach Osten wandten, wie auch Christen, die nach Jerusalem hin beteten. Allerdings scheint es sich m.E. bei der jüdischen Gebetsostung um eine eher marginale Tradition zu handeln, die im Zuge der Abgrenzung von den Christen, die sich zum Gebet nach Osten wandten, schließlich auf-

[61] Epiph., *haer.* 19,3,5-6: GCS Epiph. I, 220; vgl. Dölger (^{2}1925), 194-198. Über die Ebioniten siehe Iren., *haer.* I,26,2: SC 264, 346: *Hierosolymam adorent quasi domus sit Dei.*

[62] Vgl. Wallraff (1999), 468.

gegeben wurde.[63] Die Ausbildung der christlichen Gebetsostung ist nicht ausschließlich durch eine Absetzung vom Judentum entstanden und kann tatsächlich auf jüdische Traditionen zurückgegriffen haben. Andererseits führte die Verbindung von Gebetsrichtung und messianischer Erwartung, gemäß dem Grundsatz: *lex orandi – lex credendi*, wohl zu einem unvermeidlichen Dissens zwischen Juden und Christen.[64]

Zweifellos wandten sich Christen schon in früher Zeit beim Gebet nach dem geographischen Osten der aufgehenden Sonne zu:

> Christen beten nach Osten. Dieser Grundsatz war der gesamten Alten Kirche eine Selbstverständlichkeit. Die Zeugnisse dafür sind räumlich und zeitlich breit gestreut. Nirgends findet sich ein Indiz für Christentum ohne diesen Brauch oder mit dem Brauch einer anderen Gebetsrichtung.[65]

[63] Der babylonische Talmud überliefert die Anweisung des blinden Rabbi Schescheth (3./4. Jh.) an seinen Diener, dieser könne ihn zum Gebet in jede Himmelsrichtung stellen, nur nicht nach Osten, weil die Anhänger Jesu diese wählten, *BB* 2, 9-10 (25a) – zur textkritischen Schwierigkeit dieser Stelle siehe Wallraff (2000), 179, Fn. 36. Meßner (2003), 31, Fn. 9, äußert Vorbehalte gegenüber Wallraffs Deutung und hält die von ihm angeführten Belege für die jüdische Gebetsostung für «(noch) nicht restlos befriedigend».

[64] Vgl. Landsberger (1957), 181: «It is striking that the position taken in prayer and in the layout of sacred structures has not been left to chance but has been determined by the prevailing religious outlook». Zur Gebetsrichtung im Judentum siehe auch Podossinov (1991), 247-253.

[65] Wallraff (2001), 60, bringt es auf den Punkt.

Sowohl für das private Beten wie auch für die Feier der Liturgie galt, daß man sich nicht mehr nach dem irdischen Jerusalem ausrichtete, sondern nach dem neuen, himmlischen Jerusalem. Wenn der Herr in Herrlichkeit wiederkommen wird, um die Welt zu richten, wird diese himmlische Stadt aus der Sammlung seiner Erwählten gebildet werden. Als angemessener Ausdruck für die eschatologische Erwartung der Parusie wurde unter den frühen Christen die aufgehende Sonne betrachtet.

Auch wenn im Neuen Testament die hervorragende kultische Bedeutung des Ostens vor den anderen Himmelsrichtungen nicht explizit ist, so ist diese Symbolik in der Tradition doch gesättigt mit biblischen Bezugspunkten, von denen hier nur einige aufgeführt werden: die Sonne der Gerechtigkeit (Mal 3,20), die Füße des Herrn auf dem Ölberg gegenüber Jerusalem von Osten her (Sach 14,4), das aufstrahlende Licht aus der Höhe (Lk 1,78), der Engel, der mit dem Zeichen des lebendigen Gottes vom Aufgang der Sonne aufsteigt (Offb 7,2), ganz zu schweigen von der johanneischen Lichtsymbolik. Zeichen der Ankunft des Menschensohnes wie der Blitz, der im Osten aufflammt (Mt 24,27), ist nach frühester kirchlicher Auslegung das Kreuz, das ihm vorausgeht (Mt 24,30).

Erik Peterson hat die enge Verbindung von Gebetsostung und Kreuz, die sich spätestens für die nachkonstantinische Zeit belegen läßt, herausgearbeitet. In der zeitgenössischen Synagoge zeigte die Nische mit dem Behälter für die Thorarollen die Gebetsrichtung (*Qibla*) nach Jerusalem an. Über diesem Thoraschrein konnten der siebenarmige Leuchter und das Opfer Abrahams bildlich dargestellt werden, wie in der aus der ersten Hälfte des dritten Jahrhunderts stammenden Synagoge von Dura-Europos. Entsprechend wurde es bei den Christen allgemein üblich, die Gebetsrichtung durch ein Kreuz an der Ostwand zu markieren, sowohl in Apsiden von Basiliken als auch in Privaträumen, etwa bei Asketen.[66]

Aufschlußreich ist in diesem Zusammenhang die Frage der Gebetsrichtung im Islam. Muhammad folgte zunächst der jüdischen Gebetsrichtung nach Jerusalem. Nicht zuletzt aufgrund des geringen Erfolgs seiner Predigt unter den Juden veränderte sich seine Haltung gegenüber dem Judentum, und er wandte sich stärker der altarabischen Tradition zu. Im Jahre 624 bestimmte Muhammad, daß sich das rituelle Gebet der Muslime (*salāt*) streng auf die Kaba in Mekka als religiöses Zentrum auszurichten habe.[67] Später wurde in der islamischen Polemik die christliche Gebetsostung als Abfall zum Sonnenkult verdammt. Die islamische Qibla wurde vor der Einführung von Gebetsnischen in den Moscheen durch besondere Steine angedeutet, ähnlich der Markierung

[66] Peterson (1959), 10-14, und besonders 15-35; siehe auch Vogel (1967).

[67] Vgl. Monnot (1995), 964: «On ne saurait exagérer l'importance de la *kibla*».

des Ostens in christlichen Kulträumen durch das Kreuzzeichen.[68]

Wenden wir uns nun den wichtigsten literarischen Quellen zu, in denen das christliche Prinzip der Ausrichtung nach Osten im Gebet zur Sprache kommt. Auf diese in der Studie Dölgers zusammengetragenen Texte werden wir in der gebotenen Kürze eingehen.[69]

Aus dem zweiten Jahrhundert sind Belege für die Gebetsostung aus verschiedenen Teilen der christlichen Welt überliefert. In der ersten Vision des *Pastor Hermae* sieht Hermas die zweite Frauengestalt, die ihm erschienen war, in Richtung Osten entschwinden. Dölger hat dies als einen Hinweis darauf aufgefaßt, daß sich Hermas zum Gebet nach Osten gewandt hatte, was wiederum dem Brauch der römischen Christen um die Mitte des zweiten Jahrhunderts entsprechen könnte.[70] In den apokryphen Paulusakten, die von einem Presbyter aus Kleinasien um 180 verfaßt wurden, werden die letzten Momente vor dem Martyrium des Apostels wie folgt beschrieben:

[68] Zur islamischen Gebetsrichtung siehe Dölger (^{2}1925), 185-186, Peterson (1959), 12-13, Wensinck (1986) und Monnot (1995).
[69] Dölger (^{2}1925), 136-286. Siehe auch Vogel (1962) und (1964).
[70] Herm., *vis.* I: GCS Apost. Väter ^{2}I, 1-4; anders Wallraff (2000), 172, Fn. 10, der diese Deutung für gezwungen hält.

> Da stellte sich Paulus in der Richtung nach Sonnenaufgang (πρὸς ἀνατολὰς), erhob die Hände zum Himmel und betete lange.[71]

Wenn Paulus vor seiner Hinrichtung Zeit zum Gebet gehabt hätte, dann hätte er sich, auch wenn es noch nicht christlicher Brauch war, nach Osten gekehrt, nämlich Jerusalem zu. Wir dürfen aber annehmen, daß die fiktive Darstellung der Paulusakten die kleinasiatische Praxis widerspiegelt, sich zum Gebet gegen Sonnenaufgang zu wenden. Den Märtyrerakten aus der Mitte des dritten Jahrhunderts ist zu entnehmen, daß sich die Christen bei ihrem Blutzeugnis zum Gebet nach Osten wandten.[72]

Für Nordafrika bezeugt Tertullian in seinen Schriften *Ad nationes* und *Apologeticum* aus dem Jahre 197, daß die Wendung nach Osten im liturgischen und häuslichen Beten der Christen so selbstverständlich war, daß sie nicht eigens begründet wird.[73] Um dieselbe Zeit bietet Clemens von Alexandrien in seinen *Stromata* folgende theologische Begründung für die Gebetsostung:

> Da der Sonnenaufgang (ἀνατολή) das Bild des Geburtstages ist, und von dort zuerst das Licht ‹aus der Finsternis aufleuchtend› (τὸ φῶς ... ἐκ σκότους λάμψαν) zunimmt, aber auch denen, die in Unwissen-

[71] *Martyrium Pauli* 5: 115.13-14 Lipsius – dt. Übers. nach Dölger (^{2}1925), 137.
[72] Vgl. Dölger (^{2}1925), 323-324.
[73] Tert., *nat.* I,13: CSEL 20, 83-84, und *apol.* 16,9-11: CSEL 69, 43-44.

heit herumtaumeln, der Tag der Wahrheitserkenntnis wie die Sonne aufging, so [*sc.* verrichten wir] nach dem Morgenaufgang [*sc.* unsere] Gebete. Deshalb schauten ja auch die ältesten Tempel nach Westen, damit die vor den Götterbildern Stehenden gemahnt würden, sich nach Osten zu wenden.[74]

Dieser Text ist voller biblischer Resonanzen. Der Ausdruck τὸ φῶς ... ἐκ σκότους λάμψαν ist 2 Kor 4,6 entnommen: «Denn Gott, der sprach: ‹Aus Finsternis soll Licht aufleuchten›, ist aufgeleuchtet in unseren Herzen, damit wir erleuchtet werden zur Erkenntnis der Herrlichkeit (δόξα) Gottes auf dem Antlitz Christi». Jes 9,2 (aufgenommen in Mt 4,16) klingt an, wenn Clemens von denjenigen spricht, die in Unwissenheit umherirren, denen aber mit Christus der Tag der Wahrheitserkenntnis aufgegangen ist. Schließlich bietet der Text eine Deutung des heidnischen Tempelkultes als Erwartung der wahren Erleuchtung durch das herrliche Licht Christi, das der Sonne gleich von Osten aufsteigt. Angesichts der Vorliebe für allegorische Schriftdeutung bei alexandrinischen Exegeten ist es erstaunlich, daß Clemens die Symbolik der Sonne für Christus hier nicht weiterentwickelt, zumal er diese anderswo mehrfach aufgreift.[75]

[74] Clem. Alex., *strom.* VII,7,43,6-7: GCS Clem. Alex. III, 32-33 – dt. Übers. nach Dölger ([2]1925), 144-146.
[75] Dölger ([2]1925), 148-149.

Der neutestamentliche Hymnus des Zacharias preist Christus als den Sonnenaufgang bzw. das aufstrahlende Licht aus der Höhe (ἀνατολὴ ἐξ ὕψους, Lk 1,78) und greift dabei das alttestamentliche Thema von Sonne und Licht als Sinnbild und Kundgabe des Heils auf: «Für euch aber, die ihr meinen Namen fürchtet, wird die Sonne der Gerechtigkeit aufgehen» (Mal 3,20 – vgl. Weish 5,6). Justin greift in seinem literarischen Dialog mit dem Juden Trypho auf dieses Motiv zurück:

> Denn feuriger und leuchtender als die Sonne in all ihrer Kraft ist sein Logos der Wahrheit und Weisheit, und er taucht in die Tiefen des Herzens und des Geistes. Daher sagte der Logos: ‹Über die Sonne wird aufgehen sein Name› (Ps 71[72],17), und Zacharias sagt: ‹Aufgang (ἀνατολή) ist sein Name› (Sach 6,12 LXX).[76]

Dölger hält es für sehr wahrscheinlich, daß Justins Schriftauslegung von Philo oder zumindest der von diesem repräsentierten hellenistisch-jüdischen Exegese abhängt. Melito von Sardes bezeichnet Christus als «König der Himmel, Anführer der Schöpfung, Sonne des Aufgangs (ἥλιος ἀνατολῆς), die sowohl den Toten im Hades als auch den Sterblichen auf Erden erschien; als allein [*sc.* wahre] Sonne ging er auf vom Himmel her».[77]

[76] Iust., *dial.* 121,1-2: 240 Goodspeed – dt. Übers. nach Dölger (^{2}1925), 154. Zu Sach 6,12: Savon (1980). Der masoretische Text liest an dieser Stelle «Sproß» für «Aufgang».

[77] Mel., *Fragment* 8b, 4: 72 Hall.

Besonders deutlich kommt die Begründung der christlichen Gebetsostung zur Geltung bei Origenes, der in der ersten Hälfte des dritten Jahrhunderts in Alexandrien und im palästinischen Caesarea maritima wirkte.[78] Origenes schreibt in *De oratione* (um 231):

> Nun ist auch noch einiges über die Himmelsrichtung zu sagen, nach welcher man beim Gebete hinschauen soll. Da es aber vier Himmelsgegenden gibt, nämlich gegen Norden und gegen Süden, gegen Sonnenuntergang und Sonnenaufgang, wer sollte da nicht ganz von selbst zugestehen, daß die Himmelsrichtung nach Osten sinnenfällig kundtue, daß wir dorthin gewandt unser Gebet verrichten sollen, zum Sinnbild, daß die Seele nach dem Aufgang des wahren Lichtes hinsehe.[79]

Die theologische Begründung der christlichen Gebetsostung bei Origenes geht einerseits auf Motive zurück, die sich bereits in der alexandrinisch-jüdischen Exegese finden, andererseits ist sie durchdrungen von der Symbolik des Johannesevangeliums, das Christus als das Licht der Welt vorstellt.[80] Wie aus Origenes hervorgeht, kommt der Gebetsostung bereits solche Selbstverständlichkeit zu, daß sie zu der Art von kirchlichen Bräuchen gehört, die zwar von allen befolgt werden, deren Bedeutung aber nicht allen geläufig ist. Origenes bezeugt, daß die Wen-

[78] Vgl. Dölger (^{2}1925), 157-170, mit vielen Belegtexten.

[79] Orig., *or.* 32: GCS Orig. II, 400.21-26 – dt. Übers. nach Dölger (^{2}1925), 162-163.

[80] Vgl. *Cels.* V,30: GCS Orig. II, 31-32, und *hom. in Gen* I,5: GCS Orig. VI, 7.

dung nach Osten zusammen mit anderen Riten «vom Hohenpriester und seinen Söhnen uns übergeben und anvertraut» wurde, d.h. ihren Ursprung bei Christus und seinen Aposteln hat.[81] Dölger geht nicht zu weit, wenn er folgert, daß die erhaltenen Zeugnisse die christliche Praxis der Gebetsostung zumindest in das frühe zweite Jahrhundert hineinrücken.

Auch beim Sterben und bei der Bestattung wurde auf die Ausrichtung nach Osten Wert gelegt. Gregor von Nyssa schildert in der Lebensbeschreibung seiner Schwester Makrina, wie diese vor ihrem Tod zuletzt nur noch mit Christus gesprochen und ihn dabei unverwandt angeschaut habe, «denn ihr Bett war nach Sonnenaufgang gerichtet».[82] Der gleiche Gedanke, der hinter dem Wunsch steht, sich in den letzten Stunden des Lebens nach Osten zu wenden, führte zur Beisetzung der Toten in Richtung Sonnenaufgang, wie es schon für frühchristliche Grabanlagen in Gallien, Italien und Nordafrika belegt ist.[83]

Besonders wichtige Zeugen für die christliche Gebetsostung sind zwei frühe Kirchenordnungen. Die syrische *Didascalia Apostolorum*, ein Text aus dem vierten Jahrhundert, dem ein nur in wenigen Fragmenten erhaltenes griechisches Original aus dem

[81] *Hom. in Num* V,1: GCS Orig. VII, 26.14-27.3 – siehe Dölger (^{2}1925), 167-170.

[82] Greg. Nyss., *v. Macr.*: PG 46, 984B.

[83] Zu diesem Thema sowie zur Frage der Ausrichtung des Grabes Christi siehe Dölger (^{2}1925), 258-272, und jetzt Wallraff (2001), 78-79.

dritten Jahrhundert (vermutlich aus dessen erster Hälfte) zugrundeliegt, enthält eine Vorschrift über die Platzordnung im Kirchenraum beim Gottesdienst:

> So nämlich ziemt es sich, daß die Presbyter mit den Bischöfen an der Ostseite des Hauses sitzen, und danach die männlichen Laien und alsdann die Frauen, daß, wenn ihr steht, um zu beten, die Leiter zuerst stehen, danach die männlichen Laien und alsdann wiederum die Frauen. Nach Osten zu müßt ihr nämlich beten, wie ihr ja wißt, daß geschrieben steht: ‹Gebt Gott die Ehre, der im höchsten Himmel einherfährt nach Osten zu› (Ps 67[68],34).[84]

Die ganze liturgische Versammlung soll somit zum Gebet nach Osten ausgerichtet sein. Der zur Begründung angeführte Psalmvers wird als Weissagung der Himmelfahrt Jesu verstanden. Christus ist aufgefahren nach Osten, dem Ort des Paradieses (Gen 2,8),[85] von woher auch seine Wiederkunft erwartet wird. Die Himmelfahrt Jesu und die Wiederkunftshoffnung, die sich in den urchristlichen Rufen «Komm, Herr Jesus» (Offb 22,20) und «*Maranatha*» ausdrückt, stehen in engem Zusammenhang.[86] Die escha-

[84] *Didasc.* 12: CSCO 407, 144; bei Dölger (^{2}1925), 171, wird ein wesentlicher Teil des Textes nicht zitiert. Zur Datierung siehe die Einführung von A. Vööbus zu seiner Übersetzung der *Didasc.* (CSCO 402), 23*-28*. Vgl. auch die Bearbeitung der syrischen Didaskalie in den *Const. apost.* (zwischen 375 und 400), II,57,14: SC 320, 316.

[85] Zur Gebetsostung als Ausdruck der Sehnsucht nach dem Paradies: Dölger (^{2}1925), 220-242.

[86] Vgl. Dölger (^{2}1925), 198-219: «Die älteste Begründung der christlichen Gebets-Ostung».

tologische Bedeutung der Gebetsostung kommt klar zur Geltung im ersten Kanon der syrischen *Didascalia Addai*, worauf F. C. Burkitt hingewiesen hat:[87]

> Die Apostel haben also bestimmt, daß ihr nach Osten beten sollt, weil, ‹wie der Blitz, der aufleuchtet im Aufgang und scheint bis zum Niedergang, so auch die Ankunft des Menschensohnes sein wird› (Mt 24,27), damit wir dadurch [*sc.* durch die Gebetsrichtung nach Osten] erkennen und verstehen, daß er vom Osten her plötzlich erscheinen wird.[88]

Diese beiden Texte sind umso aufschlußreicher, als in ihnen die Gebetsostung nicht von einem Theologen individuell begründet wird, sondern als kirchliche Satzung vorgeschrieben wird im Rückgriff auf die Überlieferung. Diese Tradition wird, wie auch bei Origenes, auf die Apostel selbst zurückgeführt. Dölger kommt zu dem abschließenden Urteil: «Im Zusammenhang mit der scharf ausgeprägten Wiederkunftshoffnung des Urchristentums macht die Begründung der Canones den Eindruck höchster Altertümlichkeit und der Didaskalie gegenüber auch den Eindruck größerer Klarheit, verbunden mit einer der Gesetzformel angepaßten Einfachheit».[89]

87 Burkitt (1921), 283. Vööbus (1975), 3-4, betont den archaischen Charakter dieser Kanones. Zu Ursprungs- und Datierungsfragen siehe jetzt Witakowski (1987), der den Text für ein syrisches Original aus dem zweiten Viertel des 4. Jh. hält.

88 *Didascalia Addai*, can. 1: CSCO 367, 201 – dt. Übers. nach Dölger (^{2}1925), 172.

89 Dölger (^{2}1925), 179; vgl. Burkitt (1921), 283: «It is ... of the first importance to notice that the use of Matt. xxiv 27 in this

In den *Constitutiones Apostolorum* aus dem späten vierten Jahrhundert wird im achten Buch, dem der Text der sogenannten *Traditio apostolica* zugrundeliegt, ein Ritus für die Eucharistiefeier überliefert, wonach auf das allgemeine Gebet der Gläubigen – das auf den Knien verrichtet wurde – und den Friedensgruß die Entlassung der Katechumenen, der Ungläubigen und anderer folgt. Der Aufruf des Diakons hierzu schließt mit den Worten: «Aufrecht zum Herrn lasset uns mit Furcht und Zittern dastehen zum Opfern».[90] Man kann davon ausgehen, daß damit die Ausrichtung nach Osten gemeint ist, da in einigen griechischen, koptischen und äthiopischen Liturgien zu Beginn oder während der Anaphora ähnliche diakonale Rufe überliefert sind, mit der Aufforderung aufrecht zu stehen und nach Osten zu schauen.[91] In der ägyptischen Markus-Liturgie ruft der Diakon vor der Einleitung zum Trishagion: «Die ihr sitzet, erhebet euch ... Schauet nach Osten».[92]

connexion has nothing whatever to do with Sun-worship: the Syriac Canon as it stands is a relic of the eschatological hopes of the early Christians and belongs to the Jewish environment in which Christianity was born, before it was ever contaminated (if it was contaminated) with heathen ideas and customs».

90 ὀρθοὶ πρὸς Κύριον μετὰ φόβου καὶ τρόμου ἑστῶτες ὦμεν προσφέρειν, *Const. apost.* VIII,12,2: SC 336, 176.

91 Dölger (^{2}1925), 327-330; vgl. auch Moreton (1982).

92 Nußbaum (1971), 154-155, weist zurecht darauf hin, daß die Markus-Liturgie zwar in Fragmenten aus dem 4./5. Jh. bekannt ist, die handschriftliche Überlieferung aber erst aus dem 13. Jh. stammt, vgl. die kritische Ausgabe von Cuming (1990), 36 und 118. Die ältesten Stücke enthalten zwar nicht den entsprechenden Abschnitt der Anaphora, wo der er-

In seinen vor 392 gehaltenen katechetischen Homilien erwähnt Theodor von Mopsuestia den Ruf des Diakons vor der Anaphora «Schauet auf das Opfer».[93] Aus diesem Ruf kann man nicht ohne weiteres auf eine zum Volk gewandte Stellung des Liturgen und damit auf die Sichtbarkeit der Opfergaben schließen. In einer geosteten Kirche, wie es zu dieser Zeit in Syrien die Regel war, entspricht dieser Ruf dem «Schauet nach Osten» aus der Markus-Liturgie und anderen orientalischen Anaphoren. Der Diakon fordert die Gläubigen auf, daß sie sich ehrfürchtig auf den geosteten Altar hin ausrichten sollen, wo das eucharistische Opfer gefeiert wird.[94] Robert F. Taft ist der Ansicht, daß in dem allen liturgischen Tradi-

wähnte Ruf Εἰς ἀνατολὰς βλέψατε zu suchen wäre, im Lichte unserer Ausführungen scheint es jedoch angemessen, von einem hohen Alter dieser diakonalen Aufforderung auszugehen. Ähnliches gilt von der koptischen Gregoriosanaphora. In dem Fragment P. Vindob. K. 4854 aus der zweiten Hälfte des 6. Jh. ist das erste Wort des diakonalen Rufes «Laßt uns darbringen (προσφέρειν)» bezeugt, während die Textüberlieferung aus dem 12./13. Jh. hinzufügt: «Stehet aufrecht, schauet nach Osten». Das Fragment wurde neu herausgegeben und kommentiert von Henner (2000), 42 und 48-50. Henner gibt zu bedenken: «Wahrscheinlich war der Ruf … bereits zur Entstehungszeit des Fragmentes in längerer Form in Gebrauch und wurde, da sonst auf dem Papyrus nur Priestertexte überliefert sind, dadurch abgekürzt, daß nur das erste Wort geschrieben wurde», ebd., 50.

93 Thdr. Mops., *hom. cat. XV*, 44-45 und *XVI*, 2: 529-531 und 537 Tonneau-Devreesse; siehe jetzt auch die dt. Übersetzung von Bruns (1995), II, 419-420 und 423.

94 Gamber (1976), 8, *pace* Nußbaum (1965), 117-118. Taft (1983), 365: «The offering to which we must attend is the eucharist *tout court*».

tionen gemeinsamen Dialog vor der Anaphora die auf *Sursum corda* folgende Antwort *Habemus ad Dominum* auch die Ausrichtung der Versammlung nach Osten einschließe. Das Erheben der Herzen wäre somit nicht nur von dem aufrechten Stehen, dem Emporheben der Hände und dem Aufblicken zum Himmel, sondern auch von der Ausrichtung nach Osten als körperlicher Geste begleitet.[95] Augustinus verbindet das Erheben des Herzens mit der völligen Hinwendung zu Christus und dem Himmelreich, was auf eine Ausrichtung nach Osten hinweisen könnte.[96]

Viele Predigten Augustins schließen mit einem Gebet, das in den Handschriften mit Kurzformeln wie *Conversi* (*ad Dominum*) eingeleitet wird und gelegentlich auch ausgeschrieben ist, wie z.B. in *Sermo 67*:

> Hingekehrt zum Herrn, Gott, dem allmächtigen Vater, wollen wir reinen Herzens, soviel unsere Kleinheit vermag, ihm größten und reichen Dank sagen und aus ganzer Seele seine einzigartige Barmherzigkeit bitten, er möge unsere Gebete nach seinem Wohlgefallen erhören; er möge den Feind aus unserm Tun und Den-

[95] Taft (1988), 74-75; anders Nußbaum (1971), 155. Vogel (1962), 180-181, meint, die in *Sursum corda – Habemus ad Dominum* implizierte Ausrichtung nach Osten habe nur für den Zelebranten gegolten, was sicher falsch ist, da die Gemeinde als ganze *Habemus ad Dominum* sagt.

[96] Aug., *serm. Dolbeau 17*, 6 und *21*, 18: Dolbeau (1996), 146 und 296. Die ungewöhnliche Form *Sursum cor* ist typisch für Augustinus.

> ken durch seine Macht vertreiben; er vermehre uns den Glauben, lenke den Sinn, gebe geistliche Gedanken und führe uns zu seiner Seligkeit: durch Jesus Christus, seinen Sohn. Amen.[97]

Die Aufforderung *Conversi ad Dominum* war begleitet von einer körperlichen Wendung der Gläubigen nach Osten, wie von Augustinus selbst deutlich gemacht wird:

> Sagt Gott nicht: «Kehrt um zu mir»? Die Schrift ist voll davon: «Kehrt um zu mir, kehrt um zu mir».[98] Da beginnt die Trägheit sich zu rühren. Was heißt das nämlich: «Kehrt um zu mir»? Es heißt nicht: Du, der du nach Westen ausgerichtet warst, sollst dich nach Osten ausrichten – das ist einfach. Wenn du das doch im Inneren tätest, denn das ist nicht einfach. Du kehrst mit deinem Leib um von der einen Himmelsrichtung in die andere. Kehre nun mit dem Herzen um von der einen Liebe zur anderen.[99]

[97] *Conversi ad Dominum Deum Patrem omnipotentem, puro corde ei, quantum potest parvitas nostra, maximas atque uberes gratias agamus; precantes toto animo singularem mansuetudinem eius, ut preces nostras in beneplacito suo exaudire dignetur; inimicum a nostris actibus et cogitationibus sua virtute expellat, nobis multiplicet fidem, gubernet mentem, spirituales cogitationes concedat, et ad beatitudinem suam perducat: per Iesum Christum Filium eius, Amen.* Aug., *serm. 67*: PL 38, 437 – weitere Belege bei Dölger (^{2}1925), 331-332. Diese formelhafte Aufforderung am Ende der Predigt findet sich auch bei Fulgentius und Caesarius von Arles, vgl. Klöckener (1994) und Dolbeau (1999).

[98] Z.B. Prov 1,23; Jes 45,22; Jer 3,14.22; Ez 18,30; 33,11; Joel 2,12; Sach 1,3; Mal 3,7.

[99] *Nonne deus dicit:* Convertimini ad me? *Plenae sunt scripturae.* Convertimini ad me, convertimini ad me. *Coepit*

Es ist einfach, so Augustinus, sich physisch von Westen nach Osten umzuwenden, nicht einfach ist es jedoch, sich mit ganzem Herzen dem Herrn zuzuwenden. Augustinus kommt es darauf an, daß die liturgische Geste mit der inneren Haltung übereinstimmt. Wie der Gottesdienst so soll auch das Leben der Gläubigen in Liebe auf Christus ausgerichtet sein.[100] Daß die Gebetsostung in Nordafrika gebräuchlich war, geht auch aus Augustins Abhandlung über die Bergpredigt hervor: «*cum ad orationes stamus, ad orientem convertimur*».[101]

Besonders deutlich wird der symbolische Gehalt der Orientierung in der Taufliturgie, wie die mystagogischen Katechesen des vierten Jahrhunderts (Ambrosius, [Ps.-]Cyrill von Jerusalem, Theodor von Mopsuestia) bezeugen. Bei der Apotaxis ist der Katechumene nach Westen gewandt, um dem Satan abzuschwören, und vollbringt darauf eine leibliche *conversio* nach Osten hin, um sich Christus zu übereignen.[102]

enim movere languor. Quid est enim: Convertimini ad me? *Non enim – quod facile fit –, qui adtendebas occidentem, adtendas orientem. Utinam hoc intus facias, quia hoc ‹non› est facile! Convertis corpus ex cardine in cardinem: cor converte ex amore in amorem.* Aug., *serm. Dolbeau 19*, 12: Dolbeau (1996), 164.

[100] Dolbeau (1996), 171-175, Klöckener (1998), 153-154, *pace* Duval (1998), 196-198.

[101] Aug., *De sermone domini in monte* II,5,18: CChr.SL 35, 108.

[102] Grundlegend ist nach wie vor Dölger (1918); siehe auch Kleinheyer (1989), 89-90, und Wallraff (2001), 66-69.

Von überragender Wichtigkeit ist die Gebetsostung für die ostsyrische («nestorianische») Tradition. Timotheus I. (727/728-823), der bedeutende Katholikos-Patriarch der Kirche des Ostens, gibt in seiner Verteidigung des Christentums im Streitgespräch mit dem Kalifen al-Mahdi eine ausführliche Begründung der Orientierung beim Gebet, die darin gipfelt, daß er diesen Brauch auf Christus selbst zurückführt:

> Er [*sc.* Christus] lehrte uns die ganze Ökonomie der christlichen Religion: Taufe, Gesetze, Vorschriften, Gebete, Anbetung in der Richtung nach Osten und das Opfer, das wir darbringen. Alle diese Dinge führte er selbst aus und lehrte uns, sie auszuführen.[103]

Der ostsyrische Theologe Abdisho (Ebedjesus) bar Brika († 1318), Metropolit von Nisibis und Armenien, widmet in seinem *Buch der Perle (Marganitha)*, einer kurzen, einfach gehaltenen Abhandlung über die Wahrheit des Christentums, die er auf Wunsch des Katholikos-Patriarchen Yahballaha III. zu katechetischen Zwecken verfaßte, der Gebetsostung ein eigenes Kapitel noch vor der Verehrung des Kreuzes.[104]

In der westsyrischen («monophysitischen») Tradition gehört die Gebetsostung ebenso zu den Wesens-

[103] Zitiert nach der dt. Übersetzung von de Vries (1947), 77; vgl. die Ausgabe von Mingana (1928), 29.
[104] Abdisho, *Marganitha* V, 1, in der englischen Übersetzung von Badger (1852), II, 413-414.

merkmalen des christlichen Glaubens. Moses bar Kepha (815-903) zählt in seinem kleinen *Traktat über die ungeschriebenen Mysterien, die in der heiligen Kirche nach der Tradition der heiligen Väter angenommen sind und ausgeübt werden*, die Gewohnheit, beim Gebet gegen Osten zu schauen, zu den «Mysterien (*roze*) der Kirche».[105]

Auch der große synthetische Denker der Ostkirche am Ausgang der Kirchenväterzeit Johannes von Damaskus († um 750) zählt die Gebetsostung zum unterscheidend Christlichen gegenüber den anderen Religionen des Mittleren Ostens, besonders Judentum und Islam.[106] In seinem Hauptwerk *De fide orthodoxa* gibt er eine exemplarische Begründung dieses christlichen Prinzips, die gleichermaßen als Zusammenfassung des bisher Gesagten dienen kann:

> Nicht zufällig und ohne Grund beten wir nach Osten hin an. Sondern da wir aus einer sichtbaren und unsichtbaren, geistigen und körperlichen Natur zusammengesetzt sind, leisten wir dem Schöpfer auch eine doppelte Verehrung, wie wir ja auch im Geiste und mit den Lippen unseres Körpers lobsingen, wie wir getauft werden mit Wasser und Geist und auf doppelte Art dem Herrn geeint werden, indem wir teilhaben an den Mysterien und zugleich an der Gnade des Geistes. Da nun Gott geistiges Licht ist und Christus

105 Zitiert nach de Vries (1940), 30, der sich auf eine Handschrift aus dem 16. Jahrhundert im Besitz eines syrisch-orthodoxen Priesters in Beirut stützt.

106 Vgl. Louth (2002), 179-180 und 182-183.

in der Schrift Sonne der Gerechtigkeit und Aufgang genannt ward, so ist ihm auch die Seite des Sonnenaufgangs als Gegend der Anbetung zuzuweisen. Denn alles Gute ist Gott zuzuweisen, von dem alles Gute seine Güte erhält. Es sagt ja auch der göttliche David: «Königreiche der Erde, singet Gott, lobpreiset den Herrn, der aufstieg über den Himmel des Himmels nach Sonnenaufgang hin» (Ps 67,33-34 LXX). Die Schrift sagt ferner: «Es pflanzte Gott einen Garten in Eden nach Osten. Dorthin setzte er den Menschen, den er gebildet» (Gen 2,8); nach der Sünde aber trieb er ihn hinaus und ließ ihn gegenüber dem Paradiese wohnen (Gen 3,23), d.h. offenbar im Westen. Da wir nun die alte Heimat suchen, beten wir Gott an, indem wir nach ihr hin unsere Augen richten ... Aber auch der Herr schaute bei seiner Kreuzigung nach Westen, und so beten wir ihn an hinschauend nach ihm. Und bei seiner Himmelfahrt fuhr er nach Osten auf, und so beteten ihn die Apostel an, und so wird er wiederkommen, wie sie ihn haben hingehen sehen in den Himmel, wie der Herr selbst sagte: «Wie der Blitz ausgeht vom Aufgang und leuchtet bis zum Untergang, so wird auch die Ankunft des Menschensohnes sein» (Mt 24,27). Da wir ihn erwarten, beten wir ihn nach Osten an. Dies ist eine ungeschriebene Überlieferung der Apostel. Denn vieles haben sie uns überliefert, was nicht in Schriften niedergelegt ist.[107]

[107] Jo. Dam., *fid. orth.* 85 (IV 12): 190-191 Kotter – dt. Übers. nach Dölger (^{2}1925), 237-238. Dölger verweist auch auf die Begründung der Gebetsostung in der ostsyrischen *Expositio officiorum ecclesiae*, die irrtümlich Georg von Arbela zugeschrieben wurde. Taft (1968), 332, datiert diese Schrift in das 9. Jh. Von besonderem Interesse ist dieser Text deshalb, weil er die Auseinandersetzung zwischen jüdischer und christlicher Gebetsrichtung widerspiegelt.

Thomas von Aquin führt bei der Begründung der Gebetsostung nicht eine Überlieferung der Apostel an, sondern beruft sich auf das Konvenienzargument (*secundum quandam decentiam*). Drei Gründe werden gegeben, zunächst die Offenbarung der göttlichen Majestät, die sich uns zeigt in der Bewegung des Himmels von Osten her, zweitens der Ort des Paradieses nach der Septuaginta-Version von Gen 2,8. Der dritte und entscheidende Grund ist jedoch christologisch und von der Erwartung der Wiederkunft Christi bestimmt:

> *Tertio, propter Christum qui est* lux mundi *et* Oriens *nominatur et* qui ascendit super caelum caeli ad orientem; *et ab oriente etiam expectatur venturus, secundum illud:* Sicut fulgur exit ab oriente et paret usque ad occidentem, ita erit adventus Filii hominis.[108]

Die eschatologischen Motive, die sich in den Kirchenordnungen und bei den Theologen der ersten Jahrhunderte finden, kommen hier noch deutlich zum Ausdruck.[109]

[108] Thomas von Aquin, *S. th.* II–II, q. 84, a. 3, ad 3. Die zitierten Schriftstellen sind Joh 8,12; Sach 6,12 (Vg.); Ps 67,34 (Vg. nach der LXX); Mt 24,27.

[109] Dölger (^{2}1925), 242, bemerkt treffend: «Ohne jegliche Änderung sind hier die Gedanken der patristischen Zeit wiederholt». Jungmann (1960), 7, weist auf den eschatologischen Charakter der frühchristlichen Kunst hin. Vgl. auch Keller (1989). Bunge (^{3}1999), 51-60 legt auf schöne Weise dar, welche spirituelle Bedeutung die Kirchenväter der Wendung nach Osten im Gebet beimessen.

2. *Gebetsrichtung und Stellung des Liturgen am Altar*

Die Wendung nach Osten als Bewegung hin zu Gott wurde früh bestimmend für die christliche Liturgie. Für den Zusammenhang von Gebetsostung und Stellung des Liturgen am Altar ist eine Auseinandersetzung mit Otto Nußbaums einflußreicher Studie, die dieser Frage anhand archäologischer und liturgiegeschichtlicher Quellen vor dem Jahre 1000 nachgeht, geboten. Nußbaum formuliert als Ergebnis seiner Untersuchung:

> Bei einer Eingangsostung steht der Altar stets zwischen dem Liturgen und der Gemeinde. Bei einer Apsisostung wurde zunächst die Stellung des Liturgen versus populum und von der Gemeinde abgewandt in gleicher Weise praktiziert. Da aber allem Anschein nach die Eingangs- und die Apsisostung zunächst gleichwertig nebeneinanderstehen, kann man nur folgern: seit der Errichtung eigener Kultbauten hat es keine strenge Regel darüber gegeben, an welcher Altarseite der Liturge seinen Platz haben soll. Er konnte bald vor, bald hinter dem Altar stehen. Als sich die Apsisostung dann zu Beginn des 5. Jh. durchzusetzen begann, änderte das zunächst nichts an den beiden bereits vorhandenen Möglichkeiten der Ausrichtung von Liturge und Gemeinde. Erst zu einem späteren Zeitpunkt setzte sich dann die Stellung des Liturgen zwischen Altar und Gemeinde in der nun fast stets mit der Apsis geosteten Kirche durch.[110]

[110] Nußbaum (1965), 408.

Laut Nußbaum stand in Syrien und Griechenland bereits bei den ältesten bekannten Kirchenanlagen der Liturge zwischen Altar und Gemeinde, während in anderen Regionen, etwa in Ägypten und besonders in Italien, die Stellung des Liturgen *versus populum* erst im Laufe der Zeit zur Ausnahme wurde. Geht man davon aus, daß diese Interpretation der archäologischen Daten korrekt ist, so muß man immerhin feststellen, daß das Gesamtbild nicht so eindeutig ist, wie manche Autoren meinten. Tatsächlich war das Gegenüber von Priester und Volk nicht die durchgängige Praxis der christlichen Antike, und wo es gebräuchlich war, war es keine «Hinwendung zum Volk» im modernen Sinne. Zudem ist Nußbaums Auswertung des archäologischen und literarischen Materials jedoch höchst fragwürdig.[111] Die beachtenswerten Einwände Marcel Metzgers sollen im folgenden knapp zusammengefaßt werden.[112]

Metzger gibt zunächst zu bedenken, daß in der Frage der Stellung des Liturgen am Altar die Beweislast bei denjenigen liegt, die für die Zelebration *versus populum* eintreten (113). Können wir tatsächlich feststellen, ob dies die ursprüngliche Praxis gewesen ist? Eine Antwort hierauf ist nur dann möglich,

[111] Vgl. Jungmann (1966) in seiner Rezension zu Nußbaums Studie. Jungmann (1967), 376, bringt es auf den Punkt: «Die oft wiederholte Behauptung, daß der altchristliche Altar regelmäßig die Wendung zum Volke voraussetzte, erweist sich als Legende».

[112] Metzger (1971). Die Seitenangaben im Text (in Klammern) beziehen sich auf diesen Aufsatz.

wenn uns sichere Hinweise auf die Einrichtung frühchristlicher Kirchenräume zur Verfügung stehen. Von den ca. 560 Kirchen, die von Nußbaum im Detail untersucht werden, geben mehr als 360 keine Hinweise auf die Stellung des Liturgen, sei es daß vom Altar keine Spuren mehr vorhanden sind, sei es daß der Altar sowohl auf der Seite des Kirchenschiffs als auch auf der zur Apsis gewandten Seite benützt werden kann (115). Wenn man Aussagen über die Einrichtung dieser Kirchen treffen will, ist man auf Forschungshypothesen angewiesen. J. Lassus und G. Tchalenko gingen von der Annahme aus, die verschiedenen Kirchen einer bestimmten Region seien sich in ihrer baulichen Anlage ähnlich. So gelangten sie in ihren Untersuchungen über den antiken Kirchenbau in Syrien, ausgehend von den erhaltenen Monumenten, zu dem Ergebnis, daß im allgemeinen die Liturgen zur Apsis hin schauten, wobei sie meistens nach Osten gerichtet waren (117).[113]

Die grundlegende Schwäche der Argumentation Nußbaums liegt in der Hypothese, daß die Zelebration *versus populum* stets vorauszusetzen sei, falls nicht die Einrichtung der betreffenden Kirche dem widerspreche. Oft begnügt er sich mit der vagen Vermutung, alles in einer Kirche spreche für die Stellung des Liturgen *versus populum*, oder zumindest

[113] Lassus (1947) und (1953), Tchalenko (1953-1958). Eine Übersicht über die Forschungsliteratur zu den frühen syrischen Kirchen bietet Taft (1968); siehe jetzt auch Tchalenko–Baccache (1979-1980) und Tchalenko (1990).

gebe es keine Anzeichen, die dagegen sprächen.[114] Zuweilen begründet er die Benützung eines Altares *versus populum* mit einer vorhandenen Kathedra oder einer Bank für die Presbyter in der Apsis. Dabei geht er davon aus, daß die Liturgen, wenn sie in der Apsis sitzen, zwangsläufig von der zur Apsis gewandten Seite an den Altar treten und damit *versus populum* gerichtet sind. Eine solche Interpretation ist keineswegs zwingend. Selbst wenn der Weg von der Kathedra zur Apsisseite des Altars kürzer ist als der zur Volksseite, kann dies nicht als Beweis dafür gesehen werden, daß der Liturge hinter dem Altar steht. Eine mindestens ebenso wahrscheinliche Annahme ist, daß er nach Empfang der vom Volk dargebrachten Opfergaben vor dem Altar bleibt und sich zur Anaphora lediglich in Richtung Osten umwendet. Nußbaum ist bemüht, so oft wie möglich auf eine Position *versus populum* zu schließen, berücksichtigt dabei aber nicht, wie wenig Platz dem Liturgen zwischen dem Altar auf der einen Seite und der Apsismauer oder dem erhöhten Platz für das Presbyterium bliebe. Zuweilen meint er, ein Meter sei genug, zuweilen sogar weniger, wie etwa in der Südkirche von Faras in Nubien und in der Kirche von Borasi in Dalmatien (40 cm!).[115] Daher kommt

[114] Siehe z.B. Nußbaum (1965), 78, 98, 186, 238, 289, 290.

[115] Vgl. Nußbaum (1965), 95-96 und 303. Michel (2001), XVI, gelangt in ihrer Studie über Kirchen in Jordanien aus dem 5. bis 8. Jh. zu folgendem Ergebnis: «Der *Altar* war meist an der Vorderkante der Apsis plaziert. Der dem Zelebranten zur Verfügung stehende Raum zwischen Altar und Synthronon war somit häufig sehr begrenzt.»

Nußbaum zu dem Ergebnis, daß in 192 von 560 Kirchen der Altar *versus populum* verwendet werden könnte. Dagegen wendet Metzger überzeugend ein, daß dies vielmehr nur bei ca. 20 Bauten der Fall sei (117-119).

Der Grund dafür, daß Nußbaum der Zelebration *versus populum* methodisch den Vorzug gibt, ist seine Theorie, daß bei der ursprünglichen Form der Eucharistiefeier der Liturge zum Volk hin gestanden sei. Nußbaum nimmt an, die ersten Christen hätten den Wortgottesdienst im Tempel, das eucharistische Mahl jedoch in ihren Häusern gefeiert. Erst mit der Zusammenführung beider Formen wurden der Ort der Wortverkündigung und der Mahltisch eins. Der Vorsteher stand nun, gleich dem Redner vor einer Versammlung, zum Volk hingewandt. Die Betonung des Opfercharakters der Eucharistie habe dann die «Abwendung» des Liturgen von den Gläubigen mit sich gebracht (119-120).

Wie Metzger betont, sind alle Aussagen über die Feier der Eucharistie in der Urkirche rein hypothetisch, da literarische Quellen hierzu äußerst zurückhaltend und archäologische Monumente nicht erhalten sind. Zu berücksichtigen ist, daß die Eucharistiefeier nicht *ex nihilo* geschaffen wurde, sondern Elemente bereits bestehender kultischer Mahlfeiern in sich aufnahm, und zwar sowohl jüdische, wie das Paschamahl, als auch heidnische. Nichts berechtigt uns, die früheste Gestalt der Eucharistiefeier den zeitgenössischen

Gebräuchen beim Sättigungsmahl zu entnehmen. Besonders die existierenden jüdischen Mahlfeiern bildeten den Kontext für Jesus und seine Jünger, die nicht in einem traditionsfreien Raum standen. Sich hier eine später verlorene Ursprünglichkeit vorstellen, hieße sich einer Täuschung hingeben. Das soll selbstverständlich nicht heißen, man könne die Eucharistiefeier als ganze aus diesen Formen ableiten (120-121).

Nußbaum schließt sich der verbreiteten Ansicht an, daß bei dem Letzten Abendmahl Jesu mit seinen Jüngern dem damaligen Brauch gemäß ein sigma-, d.h. halbkreisförmiger Tisch benützt wurde. Die Mahlteilnehmer saßen (oder vielmehr lagen) an dessen konvexer Seite, während die vordere Seite für das Auftragen der Speisen freiblieb.[116] Der Ehrenplatz war nicht wie heute in der Mitte, sondern am rechten Ende des Halbkreises (*in cornu dextro*). Auf den ältesten Darstellungen des Letzten Abendmahls in Mosaiken und Buchmalereien vom fünften Jahrhundert bis weit in das Mittelalter wird diese Anordnung wiedergegeben (Abb. 1).[117] Vermutlich hat die urchristliche Praxis die Verhältnisse im Abendmahls-

[116] Dabei ist allerdings zu bedenken, wie Thümmel (1999), 490-491, bemerkt, daß bei einem solchen Mahl nicht ein einziger, großer Tisch verwendet wurde, sondern ein niedrigerer Drei- oder Vierfuß mit einer kleineren Platte neben der Kline stand und für jeweils ein oder zwei Teilnehmer zum Abstellen von Speisen und Getränken diente.

[117] Vgl. Nußbaum (1965), 373-376, Gamber (1972), 22, Bouyer (1993), 54-55.

Abb. 1: Das Letzte Abendmahl auf einem Mosaik in S. Apollinare Nuovo, Ravenna, um 520.

saal beibehalten. Dabei nahm der Vorsteher beim Mahl, das in Privathäusern gefeiert wurde, den Platz Christi an der rechten Seite ein. Bei größeren Versammlungen wurde das eucharistische Mahl getrennt vom Sättigungsmahl gefeiert, so daß nur noch ein Tisch für den Vorsteher benötigt wurde.

Allerdings können wir nicht einfach voraussetzen, das Letzte Abendmahl sei das ausschließliche Vorbild für die rituelle Gestalt der Eucharistiefeier gewesen. Und selbst wenn das Gemeinschaftsmahl die Urform der Eucharistie gewesen ist, kann im übrigen die Entwicklung der ersten Jahrhunderte von einem Sättigungsmahl hin zu einer kultischen Feier nicht rückgängig gemacht werden.

Nußbaum geht von einer ursprünglichen Trennung zwischen Wortverkündigung und «Mahlfeier» aus. Dagegen bemerkt Metzger, daß diese Hypothese nicht auf einer soliden Grundlage beruht, auch wenn sie lange von Liturgiewissenschaftlern vertreten wurde. Die Ortsbezeichnung κατ' οἶκον in Apg 2,46 und 5,42 bezieht sich wohl nicht nur auf den Ort des Brotbrechens und des gemeinsamen Mahles – d.h. auf ein dafür geeignetes Haus mit einem geräumigen Speisesaal[118] –, sondern auch auf den Ort, wo die Unterweisung stattfand. Wenn die ersten Christen zum Synagogengottesdienst gingen, taten sie das am Sabbat, die Eucharistie jedoch wurde am ersten Tag der Woche gefeiert. Jedenfalls ist die Hypothese, daß der Eucharistiefeier jedesmal Lesungen nach der Art des Synagogengottesdienstes vorangingen, zumindest ebenso plausibel wie die Hypothese einer ursprünglichen Trennung zwischen beiden Teilen (121-122).[119]

Wir wissen schlicht zu wenig, um auf die Frage nach der Stellung des Liturgen am Altar für die ersten zwei Jahrhunderte eine gesicherte Antwort geben zu können. Nußbaums These, der Übergang von der Betonung des Mahlcharakters der Eucharistie zur

[118] Neben dem Obergemach (Apg 1,13: ὑπερῷον, Mk 14,15/Lk 22,12: ἀνάγαιον) in Jerusalem werden im Neuen Testament u.a. genannt: das Haus in Troas (Apg 20,7-12), das Haus Priskas und Aquilas in Rom (Röm 16,3-5) und das Haus des Gaius in Korinth (Röm 16,23).

[119] Vgl. Thümmel (1999), 489-490: «Mahl und Predigt sind gewiß sehr bald in *einer* Versammlung zusammengefaßt gewesen», auch wenn es lokale Unterschiede gegeben haben mag.

Betonung des Opfercharakters habe etwa vom Jahre 400 an die Abwendung des Zelebranten vom Volk mit sich gebracht, wird dadurch entkräftet, daß schon sehr frühe Dokumente aus dem ersten christlichen Jahrhundert, wie die *Didache* und der Erste Clemensbrief (um 100), die Feier der Eucharistie als Opferhandlung verstehen.[120] Angesichts unserer dürftigen Kenntnisse des christlichen Kultes der Frühzeit ist es abwegig, die öffentliche Anerkennung des Christentums durch Kaiser Konstantin im Jahre 313 auch als entscheidenden Wendepunkt im Verständnis der Eucharistie zu sehen (122-123).

Die Texte, die Nußbaum für eine Feier *versus populum* anführt,[121] erlauben nicht den Schluß, daß gemeint sei, die Gläubigen könnten sehen, was am Altar vor sich gehe. Man hätte auch bei einer Hinwendung zum Altar kaum etwas gesehen, sei es aufgrund des großen Abstandes des Altars vom Schiff, sei es wegen der im Osten gebräuchlichen Vorhänge, die vermutlich zu bestimmten Teilen der Eucharistiefeier zugezogen wurden und so den Altar verhüllten.[122] Diese

[120] Meßner (2000), 129: «Es besteht gar kein Zweifel an der Tatsache, daß der Gedanke eines ‹Meßopfers› in der frühchristlichen Exegese von Mal 1,11 wurzelt. Seit der Didache wird das ‹reine Opfer› ..., durch das Gottes Name unter den Völkern verherrlicht wird ..., auf die christliche Eucharistie gedeutet». Vgl. Frank (1978) und Willis (1994), 3-4.

[121] Vgl. Nußbaum (1965), 24-30, 62-64, 87-90, 117-120, 134-137, 171-177, 216-221, 305-311.

[122] Nußbaum (1965), 448, räumt selbst ein: «Eusebius, Zeno von Verona, Ambrosius und Augustinus sprechen zwar davon, daß die Gläubigen die innersten Geheimnisse auf dem

Überlegungen führen Metzger zu dem Ergebnis, daß die Hypothese einer ursprünglichen Eucharistiefeier *versus populum* nicht haltbar ist. Auf wesentlich soliderem Grund ruht die Annahme, die Erklärung für die Anlage der frühchristlichen Kirchengebäude in der Zelebration *versus ad orientem* zu suchen, zumal die Gebetsostung in der frühen Christenheit allgemeine Geltung beanspruchte (123-124).

Auf die literarischen Zeugnisse, die schon mehrfach untersucht wurden, soll hier nicht weiter eingegangen werden. Ausgehend von den in Nußbaums Studie behandelten Kirchenbauten, die Hinweise auf die Stellung des Liturgen geben, kommt Metzger zu dem Ergebnis, daß die Ostung des Liturgen in der Tat allgemeine Praxis war, wenn es auch in einigen Regionen Ausnahmen zur Regel gab.[123] Es ist nicht überraschend, daß keine kanonischen Bestimmungen von Synoden bekannt sind, worin die Wendung des Liturgen nach Osten vorgeschrieben wäre. Sol-

Altar sehen können, aber in Wirklichkeit war das in vielen Kirchen des 4.-6. Jh. im Osten und im Westen sehr erschwert oder ganz unmöglich».

[123] In Zahlen ausgedrückt: Von 560 untersuchten Kirchen sind 512 mit der Apsis geostet (91,6%); etwa 365 Kirchen (65%) geben keine präzisen Hinweise auf die Stellung des Liturgen am Altar; in 173 Kirchen ist es offensichtlich, daß der Liturge sich nach Osten wandte – d.h. in 31% aller untersuchten Kirchen und in 88,7% der Kirchen, die Hinweise auf die Stellung des Liturgen geben; in 22 Kirchen konnte der Liturge sich aufgrund der baulichen Gegebenheiten nicht nach Osten wenden – d.h. in 4% aller untersuchten Kirchen und 11,2% der Kirchen, die Hinweise auf die Stellung des Liturgen enthalten.

che Überlieferungen werden in der Regel durch Praxis weitergegeben, während der Sinn einer gesetzlichen Bestimmung meistens darin liegt, einen bestehenden Brauch zu modifizieren oder eine in Frage gestellte Gewohnheit in Erinnerung zu rufen und zu bestätigen. Die Vorschrift der Gebetsostung in der *Didascalia Apostolorum* und der *Didascalia Addai* – als von den Aposteln überlieferte Bestimmung – kann als Beleg dafür aufgefaßt werden, daß es sich bereits im dritten Jahrhundert um einen etablierten Brauch handelt (125-134).

Nach Metzger sind zur Frage der Eingangs- oder Apsisostung drei Aspekte zu beachten: Erstens war die Ostung der Apsis ein weithin gültiges Prinzip. Die Zahl der Kirchen mit Eingangsostung ist gering, man findet sie vor allem in Rom und Nordafrika. Bei Basiliken, die über Heiligengräbern errichtet wurden, war es die Anlage dieser hochverehrten *memoriae*, die den Kirchenbau bestimmte und die Orientierung der Apsis oft nicht zuließ. Einige stadtrömische Basiliken sind nicht entlang der Ost-West-Achse orientiert, wofür verschiedene Gründe angeführt werden können:[124] Viele Kirchen ruhten auf einem alten Fundament. Bereits unter Konstantin wurden Profanbauten in christliche Kirchen umgewidmet. In den meisten Fällen waren Abweichungen von der Ost-West-Ausrichtung bedingt durch die örtlichen Verhältnisse. Der Kircheneingang lag gewöhnlich auf

[124] Vgl. hierzu de Blaauw (2000), 17-23.

der Straßenseite, wie im Falle der römischen Kirche S. Clemente, deren Eingang nach Süd-Osten gerichtet ist. Zweitens war das Prinzip der Gebetsostung so stark, daß es Gegenden gibt, in denen wir keine Kirchen mit Eingangsostung finden (Kleinasien, Griechenland, Noricum, Dalmatien). Zudem wurden Kirchen mit gewesteter Apsis später oft umorientiert. Drittens war das Prinzip der Gebetsostung so bedeutend, daß der Liturge in Kirchen mit Eingangsostung vermutlich dem Kirchenschiff zugewandt war (134-135).

Die Fragestellung Nußbaums, wann es in einzelnen Regionen zu einem Übergang von der Zelebration *versus populum* zur «Abwendung» des Liturgen von der Gemeinde gekommen sei, erscheint vor diesem Hintergrund verfehlt.[125]

Schließlich sei auf einen häufig angeführten Punkt hingewiesen. Wie Klaus Gamber bemerkt, verfügen wir über keine expliziten literarischen Belege, daß der Altar im frühchristlichen Kirchenbau als Ziel der Ausrichtung bei der liturgischen Feier angesehen

[125] Zu diesem Urteil gelangt auch Gamber (1972), 24; für weiteres Material siehe Gamber (1976), 7-27. Nußbaums methodischer Ansatz wird ebenso kritisiert von de Blaauw (2000), 12-14, und Wallraff (2001), 73, Fn. 55. De Blaauw bemerkt, daß sich Nußbaums Fragestellung bereits Braun (1924), I, 412-416, findet. Diese Methodik wird unter Berücksichtigung neuer archäologischer Erkenntnisse fortgeführt von Duval (1994), siehe besonders 169-170, 177 und 203 (zu Altar und Zelebrationsrichtung).

wurde.[126] Zwar ist die hohe Verehrung für den Altar vom vierten Jahrhundert an klar bezeugt. Seine Heiligkeit gründet sich darauf, daß auf ihm das eucharistische Opfer vollzogen wird.[127] Das übergeordnete Prinzip für die Gebetsrichtung im Gottesdienst ist jedoch die allgemeine Wendung nach Osten, zum auferstandenen und erhöhten Christus, dessen Wiederkommen erwartet wird.

3. Kirchenbau und Liturgie[128]

Schon vor der konstantinischen Wende errichteten christliche Gemeinden eigene Gebäude für ihre liturgischen Versammlungen. Das *Chronicum Edessenum* berichtet für das Jahr 201, daß das «Heiligtum der Kirche der Christen» in der Stadt Edessa von einer Flutkatastrophe zerstört worden sei.[129] Eine aufschlußreiche Quelle aus der zweiten Hälfte des dritten Jahrhunderts ist die Schrift des Porphyrius gegen die Christen:

> Aber auch die Christen ahmen die Herstellung von Tempeln nach und erbauen sehr große Häuser (με-

[126] Gamber (1972), 25-26.
[127] Belege bei Nußbaum (1965), 402-403.
[128] Einen Überblick über neuere Forschungsliteratur zum Thema bietet de Blaauw (1991); siehe jetzt auch de Blaauw (2000).
[129] *Chronicum Edessenum*: CSCO 1 (Scr. Syr. III/4), 2-4. Die Argumentation Bauers ([2]1964), 18-19, gegen die Authentizität dieser Quelle leidet an der *petitio principii*, daß es um das Jahr 200 noch keine eigenen christlichen Kultgebäude gegeben haben könne.

γίστους οἴκους), in denen sie zusammenkommen und beten.[130]

Diese Auskunft wird durch die Schilderung der kirchlichen Lebens dieser Zeit bei Eusebius von Caesarea bekräftigt:

> Wie könnte jemand dieses Zusammenströmen unzähliger Menschen beschreiben und die Menge der Versammlungen in jeder Stadt und den bedeutenden Zulauf in den Bethäusern (προσευκτήρια). Deswegen reichte man mit den alten Gebäuden ganz und gar nicht mehr aus und errichtete in allen Städten von Grund auf in der Ausdehnung geräumigere Kirchen (ἐκκλησίαι).[131]

Tatsächlich stellt Eusebius die Zerstörung von Kirchen als ein Charakteristikum der diokletianischen Verfolgung dar.[132] Diese vorkonstantinischen Kirchen waren zum Teil reich mit Altargerät aus Edelmetall ausgestattet, wie aus einem Konfiskationsprotokoll der Kirche von Cirta in Nordafrika vom 19. Mai 303 hervorgeht.[133]

In der römisch-parthischen Grenzstadt Dura-Europos am Euphrat ist aus der Zeit vor ihrer weitgehen-

---

[130] Porphyrius, *Adversus Christianos*, fr. 76: Harnack (1916), 93; dt. Übers. Thümmel (1999), 493.

[131] Eus., *h. e.* VIII,1,5: GCS Euseb. 2/2, 738.1-6; dt. Übers. Thümmel (1999), 493.

[132] Vgl. Thümmel (1999), 492-493 und 499.

[133] Das Protokoll aus den *Acta Munati Felicis* wird zitiert in den *Gesta apud Zenophilum*: CSEL 26,187.

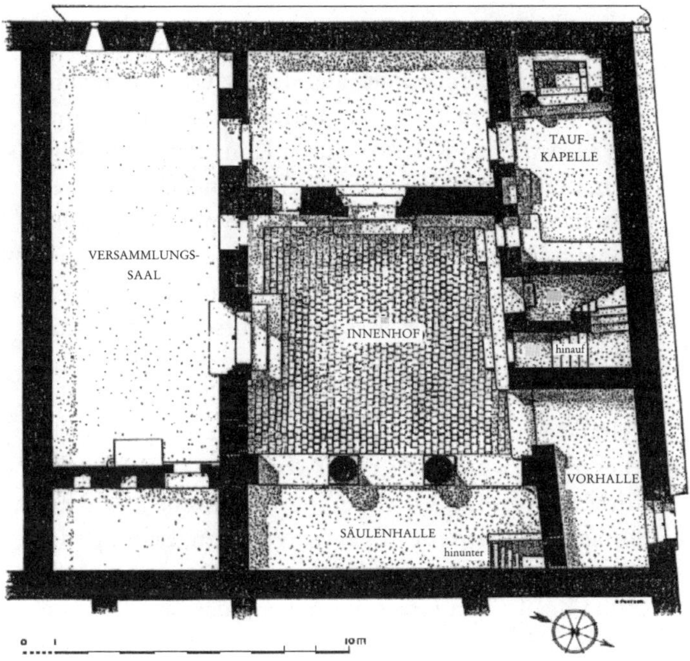

Abb. 2: Vereinfachter Grundriß der Hauskirche von Dura-Europos.

den Zerstörung durch die Sassaniden im Jahre 256 eine christliche Hauskirche erhalten, deren Kultraum nach Osten ausgerichtet ist (Abb. 2). An der Ostseite des Versammlungssaales befindet sich ein Podest, das wohl für den Altar bestimmt war.[134]

[134] Vgl. Kraeling (1967).

Die ältesten erhaltenen Monumente stammen, von Ausnahmen abgesehen, aus dem vierten Jahrhundert, als sich in Folge der offiziellen Anerkennung der christlichen Religion durch Konstantin eine rege Bautätigkeit entfaltete. Die überkommenen syrischen Kirchen folgen überwiegend dem Typus der Basilika wie die zeitgenössischen Synagogen, sind jedoch im Gegensatz zu diesen gewöhnlich mit ihrer Apsis nach Osten gerichtet. Besonders aufschlußreich sind die archäologischen Funde in Nordsyrien und Mesopotamien.[135] Wo Hinweise auf die Position des Altars erhalten sind, was selten der Fall ist, steht dieser nur wenig abgerückt von der Ostwand oder direkt davor. Die Orientierung von Kirche und Altar entspricht so dem allgemeingültigen Prinzip der Gebetsostung und drückt die eschatologische Hoffnung des frühen Christentums auf das Wiederkommen Christi als Sonne der Gerechtigkeit aus.[136] Aus dem Synagogenbau wurde das Bema übernommen, eine erhöhte Plattform in der Mitte des Raumes, wo die Heilige Schrift vorgelesen und Gebete gesprochen wurden. Im ostsyrischen (chaldäischen) Ritus sitzt der Bischof mit seinem Klerus an der Westseite

[135] Vgl. Lassus (1947) und (1953), Tchalenko (1953-1958), Tchalenko–Baccache (1979-80) und Tchalenko (1990), sowie den Forschungsbericht von Taft (1968).

[136] Wo ein bestehendes Bauwerk als Kirche adaptiert wurde, wurde die Apsis mit dem Altar auf der Ostseite errichtet, auch wenn es die Längsseite war und der Eingang nicht gegenüber lag, wie bei einer neuentdeckten Kirche in Palmyra aus der ersten Hälfte des dritten Jahrhunderts, vgl. Gawlikowski (1993), 155-157.

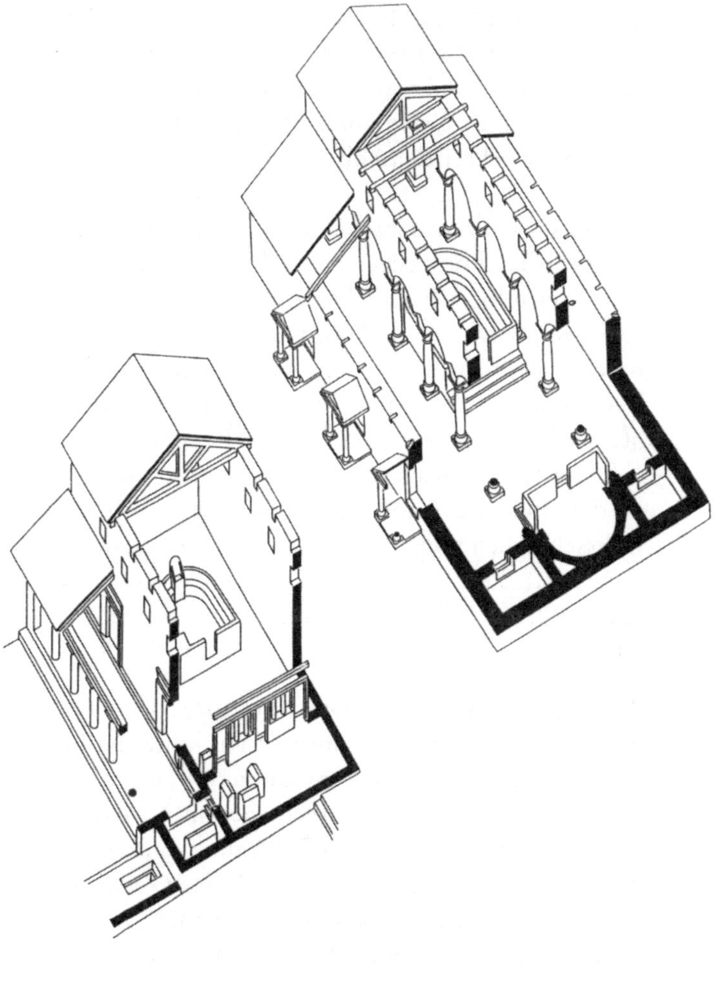

Abb. 3: Frühe syrische Kirchen mit Bema nach G. Tchalenko. Links die einschiffige Kirche von Qirqbīze (4. Jh.), rechts die Basilika von Sinhār (Mitte des 4. Jh.).

des Bema im Hauptschiff mit Blick nach Osten. Dies ist der Ort für die Lesungen und Gebete des Wortgottesdienstes, und wenn diese verrichtet sind, zieht der Klerus nach Osten zum Altar für die eigentliche Feier der Eucharistie (Abb. 3).

Ob dieses «Syrian arrangement» auch in der westsyrischen Tradition allgemein verbreitet war, ist fraglich. Archäologische und literarische Quellen bezeugen zwar, daß es diese Anordnung in westsyrischen Kirchen gegeben hat, sie allerdings nicht überall die Regel war. Andererseits gibt Taft zu bedenken, daß liturgische Entwicklungen in dieser Region gewöhnlich von Westen nach Osten weitergegeben wurden, so daß sich die Anordnung mit Mittelschiffbema wahrscheinlich von Westsyrien nach Mesopotamien verbreitete. Demgemäß blieb sie im ostsyrischen Ritus erhalten, während sie andernorts aufgegeben wurde.[137]

Was den Ursprung des Bema betrifft, so verweist Bouyer darauf, daß im Nahen Osten kultische Elemente, die aus dem Judentum stammten, am längsten beibehalten wurden.[138] Zurecht betont er, daß die frühchristlichen Kirchen in Beziehung zum zeitgenössischen Synagogenbau, wo sich das Gottesvolk des Alten Bundes versammelte, gebracht werden sollten. Der französische Theologe vermutet sogar,

[137] Taft (1968), 358; vgl. auch Renhart (1995).
[138] Zu jüdischen liturgischen Traditionen im frühen syrischen Christentum vgl. auch Rouwhorst (1997).

daß die Loslösung der ostsyrischen Kirche von der Reichskirche im fünften Jahrhundert ihren Grund nicht primär in den christologisch-dogmatischen Auseinandersetzungen gehabt habe, sondern vielmehr dem Bemühen um die Bewahrung von semitischen Traditionen entsprungen sei, die schon in der Väterzeit als archaisch angesehen worden seien. Man habe angesichts der fortschreitenden Hellenisierung in der byzantinischen Kirche um den Bestand dieser Traditionen gefürchtet.[139] Die Hypothese Bouyers, der Typus der syrischen Kirche mit Mittelschiffbema stelle auch die ursprüngliche Anordnung im byzantinischen Ritus dar, ist teils zustimmend, teils ablehnend aufgenommen worden.[140] Daß im syrischen Raum jedoch die Ostung im Kirchenbau und in der Stellung des Liturgen am Altar weitestgehend üblich war, ist unbestritten.

Basiliken mit geostetem Eingang sind hauptsächlich in Rom und in Nordafrika, wo man sich eng an die Bräuche der römischen Kirche anschloß, zu finden. Der Ursprung des spezifisch römischen Kirchenbaus stellt eine schwierige Frage für die Forschung dar, auf die keine allseits befriedigende Antwort gefunden wurde.[141] Viele Theorien haben sich als falsch erwiesen. So wissen wir heute, daß die Katakomben nicht als Versammlungsräume für den Gottesdienst genützt wurden. Schon vor Ende der Verfolgungen

139 Bouyer (1993), 30-42.
140 Vgl. die Kritik Tafts (1968), 327 und 359.
141 Bouyer (1993), 43-59.

besaßen die Christen in der Stadt Rom eigene Gebäude für liturgische Zwecke, wir wissen jedoch kaum etwas über diese vorkonstantinischen *tituli* oder *domus ecclesiae*.[142] Die ältesten erhaltenen Monumente sind die unter Kaiser Konstantin gebauten Basiliken. Ihre Anlage wurde aber oft grundlegend verändert. Am deutlichsten ist die konstantinische Anlage noch in der Lateranbasilika zu erkennen. Hier befand sich der Stuhl des Bischofs im Zentrum der Apsis, dem Ehrensitz, wo in den Basiliken, die als Gerichtshöfe verwendet wurden, der Regierungsbeamte Platz nahm entsprechend dem Sitz des Kaisers im Senat. Bischöfe nahmen nun denselben Rang wie die hohen Staatsbeamten ein und genossen dieselben Ehrenbezeugungen. Der Altar stand am Eingang der Apsis oder im Hauptschiff, wobei sein sakraler Charakter gewahrt wurde durch seine erhöhte Stellung, durch Stufen, die zu ihm führten, und durch ein Ziborium oder eine Pergola.

Zur ursprünglichen Position des Hauptaltars in der konstantinischen Petersbasilika sind keine eindeutigen Hinweise überliefert.[143] Der Bau war ein *marty-*

[142] Vgl. Pietri (1976) I, 3-4, Krautheimer (^{4}1986), 29, Guidobaldi (1989). Ausgehend von der Klerusliste im Brief des Papstes Cornelius an Bischof Fabius von Antiochien (überliefert bei Eusebius, *h. e.* VI, 43, 11) wird die Stärke der römischen Kirche in der Mitte des dritten Jahrhunderts auf 30 000 bis 50 000 Gläubige geschätzt; vgl. Harnack (^{4}1924), II, 806.

[143] Konstantin stattete die Peterskirche mit einem 350 Pfund schweren, vergoldeten Silberaltar und einer Reihe von Altargefäßen aus, wie im *Liber Pontificalis* 34, hg. von L. Du-

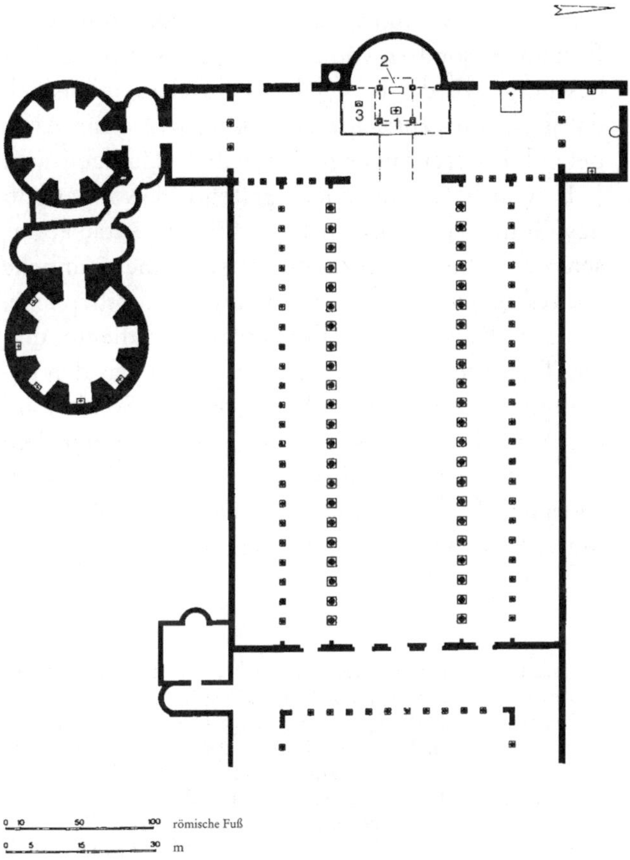

Abb. 4: Der Grundriß der Petersbasilika zur Zeit des Papstes Symmachus (498-514) nach S. de Blaauw, der den Hauptaltar im Grabbezirk vermutet.

1. Hauptaltar
2. Tropaion mit Confessio
3. Cathedra

rium, dessen Grundriß nicht primär von liturgischen Prinzipien, sondern von der Anlage des Petrusgrabes bestimmt wurde. Es erscheint durchaus plausibel, daß sich dort zunächst eine *memoria* ohne Altar befand, die frei zugänglich für die Gläubigen war. J. B. Ward-Perkins macht geltend, daß innerhalb des Grabbezirkes kaum Platz für den Altar gewesen wäre.[144] Achim Arbeiter vertritt eine räumliche Aufteilung der Peterskirche in zwei Hauptbereiche, das Langhaus, das der Eucharistiefeier diente, und das Transsept mit dem Apostelschrein, das den geheiligten Bezirk für die Pilger bildete. Somit wäre die Aufstellung eines (tragbaren) Altars unter dem Triumphbogen oder im Mittelschiff, nicht jedoch im Querschiff wahrscheinlich.[145] Demgegenüber vermutet Sible de Blaauw den Hauptaltar im Grabbezirk (Abb. 4).[146]

chesne, I, 176-177 berichtet wird. Aus dem vieldeutigen Zeugnis des Hieronymus (um 400) sollten keine zu weitreichenden Schlußfolgerungen gezogen werden, *C. Vigilantium* 8: PL 23, 346B (361D-362A). Gregor von Tours gibt die Eindrücke seines Diakons Agiulfus von der Peterskirche gegen Ende des Pontifikats Pelagius' II. (579-590) wieder und spricht von einem *sepulchrum sub altare collocatum*, Greg. Tur., *Miraculorum libri I (De gloria martyrum)*: hg. von B. Krusch (MGH.SRM I/2), 504. Vgl. Arbeiter (1988), 181-184 und 204-206.

144 Toynbee–Ward Perkins (1956), 208, und Ward-Perkins (1994), 470. Vgl. Ward-Perkins (1994), 470. Vgl. Pietri (1976), I, 69: «A notre connaissance, pas d'autel fixe: le monument grandiose s'organisait pour une zone sainte où Constantin et la piété romaine reconnaissaient la tombe de l'Apôtre».

145 Vgl. Arbeiter (1988), 204-205.

146 Vgl. de Blaauw (1994), II, 481-482.

Auch Werner Jacobsen argumentiert mit Bezug auf die einschlägige Stelle bei Gregor von Tours,[147] daß der Altar in der Nähe des Petrusgrabes stand. Allerdings habe sich der Zelebrant wegen des sperrigen vorkonstantinischen Tropaions, das als Zeichen für das Petrusgrab übernommen wurde und im Zentrum der Apsis als blockhafter Einbau stand, nur von vorne dem Altar nähern können. Der Zelebrant hätte somit bei der Eucharistiefeier nur zur Apsis hin, d.h. nach Westen, stehen können.[148]

Wie dem auch sei, unter Papst Gregor dem Großen (590-604) wurde die Einrichtung der *memoria* verändert und der Altar mit dem Apostelgrab verbunden.[149] Der Boden der Apsis wurde um fast eineinhalb Meter angehoben. Diese erhöhte Plattform mit dem Bischofsthron und den Bänken für das Presbyterium wurde um fast sechs Meter in das Kirchenschiff verlängert und durch Schranken abgeschlossen. Der Altar mit Ziborium wurde direkt über dem Grab errichtet, und an seiner Westseite wurde eine Ringkrypta angelegt, die den Gläubigen weiterhin freien Zugang zu der hochverehrten Stätte ermöglichte. Die an dem Ziborium angebrachten Vorhänge dienten dekorativen Zwecken und sollten besonders die heilige Handlung am Altar hervorheben (Abb. 5).[150]

[147] Siehe oben Fn. 143.

[148] Vgl. Jacobsen (2000a), 70-71.

[149] Der *Liber Pontificalis* I, 312, notiert: *Hic fecit ut super corpus beati Petri missae celebrarentur.*

[150] Vorhänge erfüllten im lateinischen Westen keine liturgische Funktion, vgl. de Blaauw (1994), I, 96-98.

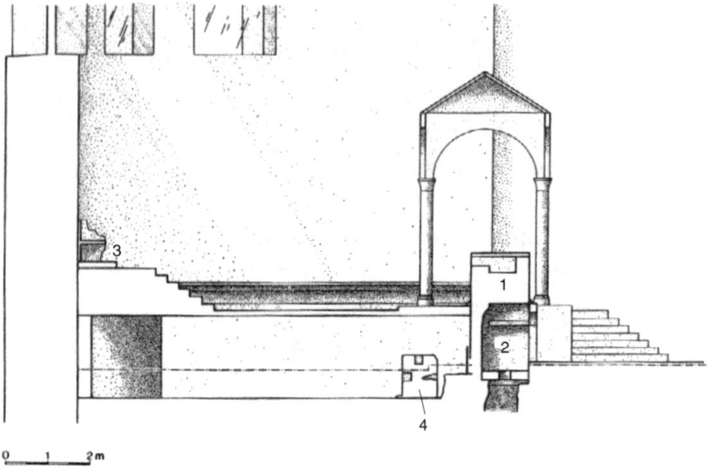

Abb. 5: Schematischer Längsschnitt durch das Presbyterium der Petersbasilika im siebten Jahrhundert. Die punktierte Linie zeigt den Boden der Konstantinischen Apsis an.

1. Hauptaltar Gregors des Großen
2. Confessio
3. Cathedra
4. Altar der Krypta

Gregor der Große trug offensichtlich der bis mindestens in das vierte Jahrhundert zurückreichenden, immer stärker bewußt gewordenen Verbindung von Eucharistiefeier und Märtyrerkult Rechnung, als er den Altar sichtbar mit der *memoria* verband.[151] Da-

[151] Vgl. Brandenburg (1995).

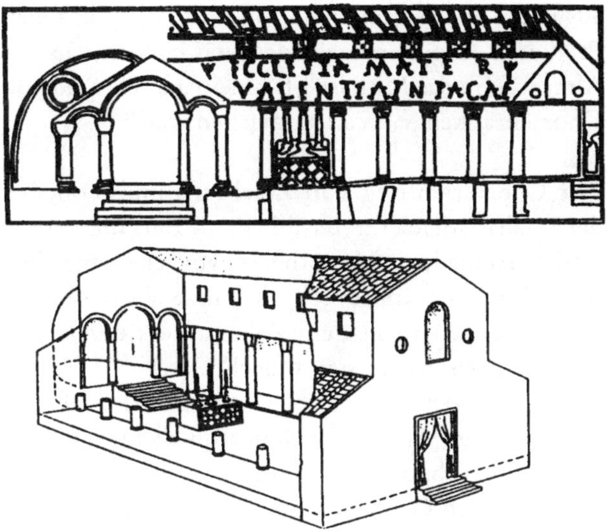

Abb. 6: Das Mosaik von Thabarca und eine axiometrische Rekonstruktion der Kirche nach J. B. Ward-Perkins und R. G. Goodchild.

bei war es auch die Absicht Gregors, St. Peter eine der Lateranbasilika ähnliche Anlage zu verleihen.[152]

Auf dem Mosaik von Thabarca in Nordafrika aus dem vierten oder frühen fünften Jahrhundert steht der Altar ungefähr in der Mitte des Kirchenschiffs (Abb. 6). Aus einer der von François Dolbeau 1990 in der Mainzer Stadtbibliothek entdeckten, im Jahre

[152] Vgl. de Blaauw (1994), I, 117-127, und Jacobsen (2000a), 71-72.

404 in der Kathedralbasilika von Karthago gehaltenen Predigten Augustins geht deutlich hervor, daß der Altar weit in das Mittelschiff hinein gerückt und von Chorschranken (*cancelli*) umgeben war.[153]

Zur Gebetsrichtung von Zelebrant und Volk bei der Eucharistiefeier in Basiliken mit Eingangsostung sind verschiedene Hypothesen vorgelegt worden. Nach Bouyer wandte sich die ganze Versammlung zum Hochgebet mit dem Zelebranten, der an der Westseite des Altars stand, nach Osten.[154] Dagegen ist eingewendet worden, es sei undenkbar, daß sich das Volk vom Altar, der schon früh als heiliges Objekt, ja als Abbild Christi verehrt wurde, abgewandt hätte.[155] Nach Gambers Auffassung befand sich das Volk in den Seitenschiffen, von denen es etwa in der Peters- und der Lateranbasilika vier, in manchen Kirchen auch sechs gab. Das Hauptschiff blieb frei und diente für liturgische Handlungen wie den fei-

[153] Aug., *serm. Dolbeau 2 (de oboedientia)*, 3-4: Dolbeau (1996), 329-30. Vgl. Duval (1998), 182. Für einen guten Überblick über die *Sermones Dolbeau* siehe Chadwick (1996).

[154] Bouyer (1993), 56-57.

[155] So u.a. Vogel (1962), 191-192, Nußbaum (1971), 155-157, und Lara (1994), 214. Was das bei Augustinus belegte Gebet *Conversi ad Dominum* betrifft (siehe oben 52f.), so vermutet Dolbeau (1996), 173-175, daß die Hinwendung nach Osten nur für die Dauer des Gebets selbst gegolten habe. Zur Eucharistiefeier hätten sich die Gläubigen, die zwischen dem Altar und dem geosteten Eingang der Basilika standen, wieder umgewandt, so daß sie, ebenso wie die Gläubigen, die zwischen der gewesteten Apsis und dem Altar standen, in Richtung Altar blickten.

erlichen Einzug des Zelebranten und seiner Assistenz.[156]

Somit standen die Gläubigen in Kirchen mit Eingangsostung während der Eucharistiefeier nicht direkt zum Altar gewandt, kehrten diesem aber auch nicht den Rücken zu, was in der Tat wegen der Heiligkeit des Altars und des auf ihm gefeierten Opfers undenkbar gewesen wäre. Den Menschen in den Seitenschiffen genügte eine leichte Körperdrehung, wobei sie den Altar mehr oder weniger zu ihrer Rechten oder zu ihrer Linken hatten. Während des Hochgebets blickten sie zusammen mit dem Zelebranten in Richtung der geöffneten Kirchentore, durch die das Licht der aufgehenden Sonne hereinfiel, das Symbol des auferstandenen, erhöhten und wiederkommenden Christus. Die Gottesdienstversammlung bildete so einen nach Osten offenen Halbkreis mit dem Zelebranten als Scheitelpunkt. Zu einem Gegenüber von Priester und Volk kam es vor allem in jenen Basiliken, wo der Altar von der Mitte des Kirchenschiffs in die Apsis verlegt wurde, besonders als das Verständnis für die profunde Symbolik der Gebetsostung schwand und die Gläubigen sich zum eucharistischen Hochgebet nicht mehr nach Osten wandten.[157]

[156] Gamber (1976), 23-25; vgl. Mathews (1962), 83: «The nave is the grand processional corridor for the hierarchy on their way to their sacred employment; the congregation area is chiefly in the aisles».

[157] So auch Wallraff (2001), 73-74.

Zur Bestätigung seiner Hypothese verweist Gamber auf die erhaltenen Kirchenbauten von Ravenna, der Hauptstadt des Ostgotenreichs, die sich im wesentlichen nicht von den römischen und byzantinischen Kirchen derselben Zeit unterscheiden. In der später S. Apollinare Nuovo genannten Palastkirche Theoderichs des Großen († 526) fallen die Ähnlichkeiten der ikonographischen Ausstattung mit dem charakteristischen Aufbau der späteren griechischen Ikonostase auf, mit den Abbildungen des thronenden Christus und der Gottesmutter rechts und links der «königlichen Tür». In dieser ravennatischen Basilika gibt es entsprechende Darstellungen an den Wänden des Hauptschiffes. An der rechten Wand sind der thronende Christus und eine auf ihn zugehende Prozession von männlichen Heiligen, an der linken Wand die Gottesmutter mit dem Kind und eine auf sie zugehende Prozession von weiblichen Heiligen abgebildet. Der Grund für diese Anlage ist vielleicht darin zu sehen, daß sich das Volk bei der Feier des Gottesdienstes nach Geschlechtern getrennt in den Seitenschiffen aufhielt.[158]

[158] Gamber (1976), 79-81. Auch die *Basilica Nova* von Cimitile war mit Bildern von Heiligen, nach Geschlecht getrennt, geschmückt, was auf eine Trennung von Männern und Frauen im Kirchenraum hinweist; siehe Paul. Nol., *carm. 28*, 22-27: CSEL 30, 292. Aus der oben erwähnten, 404 in der Kathedralbasilika von Karthago gehaltenen Predigt Augustins geht hervor, daß die Trennung der Geschlechter dort kurz zuvor eingeführt wurde, *serm. Dolbeau 2 (de oboedientia)*, 5: Dolbeau (1996), 330. Vgl. die Bemerkungen Dolbeaus (1996), 320 und 633 mit einem Hinweis auf *civ.* II,28,5-7: CChr.SL 47, 63, wo Augustinus schreibt:

Gamber hält Ravenna für den Ursprungsort des *Ordo Romanus IV* und sieht darin ein Zeugnis für die erzbischöfliche Liturgie, wie sie in der alten Kathedrale der Stadt gefeiert wurde. Dieser Bau ist zwar in seiner originalen Form nicht mehr erhalten, wir kennen aber den Grundriß dieser Kirche, der sogenannten *Basilica Ursiana*. Es handelt sich um eine fünfschiffige Basilika mit einer Apsis im Osten. Der Altar stand mitten im Kirchenschiff und war auf allen vier Seiten durch Chorschranken abgegrenzt. Gamber nimmt an, daß der Bereich zwischen dem Altarraum und der Apsis, also ein Großteil des Mittelschiffs, nach dem *OR IV* als Presbyterium verstanden wurde.[159] Dieser Raum bot Platz für die Schola, für das Einsammeln der Opfergaben und für die Kommunionspendung an die Gläubigen. Dort befand sich wohl auch der Ambo. Die Gläubigen, so Gamber, hätten nur in den vier Seitenschiffen Platz gefunden, und zwar nach Geschlechtern getrennt. Dies entspricht der Anweisung des *OR IV*, der Pontifex gehe beim Einsammeln der Opfergaben von

populi confluunt ad ecclesiam casta celebritate, honesta utriusque sexus discretione. Wie jedoch Duval (1998), 190-193, geltend macht, deutet der archäologische Befund nicht darauf hin, daß es sich dabei um eine in Nordafrika allgemein übliche Praxis handelte.

159 Gamber (1976), 134, weist darauf hin, daß die Anweisung des stadtrömischen *OR I*, 54: II, 85 Andrieu: «*Et tunc tolluntur cereostata de loco in quo prius steterant, ut ponantur in una linea per mediam ecclesiam*» redigiert wurde zu «*et ponunt ea ante altare sicut ordinem habent*» (*OR IV*, 23: II, 160 Andrieu).

der Männerseite «*ad partem mulieris*».[160] Ein Analogon zu dieser eigentümlichen Anordnung stellt der heute noch bei orientalischen Christen vorhandene Brauch dar, sich lediglich an den Seitenwänden aufzuhalten, während der Raum unter der zentralen Kuppel für die Kulthandlungen freibleibt. Taft geht davon aus, es sei in Kirchen mit dem Altar am Eingang der Apsis oder in der Apsis und einem Ambo im Hauptschiff üblich gewesen, daß sich das Volk in den Seitenschiffen befand und die Mitte der Kirche größtenteils freigehalten wurde für die liturgischen Handlungen.[161]

Gegen diese Hypothese können allerdings Einwände vorgebracht werden. Man kann davon ausgehen, daß sich liturgische Handlungen auch in der Mitte des Kirchenschiffs abspielten, es ist jedoch fraglich, ob das Volk sich bei der Eucharistiefeier vor allem in den Seitenschiffen befand, die zu vielfältigen, gewissermaßen paraliturgischen Zwecken wie Refrigerien und anderen Mählern genützt wurden. In seiner Rekonstruktion der Lateranbasilika hat de Blaauw einen langen Korridor (*solea*) im Hauptschiff nachgewie-

[160] *OR IV*, 41: II, 162 Andrieu; vgl. Gamber (1976), 131-136. Die Bestimmung von rechts und links und somit die Aufteilung von Männern und Frauen im Kirchenschiff richtete sich anscheinend danach, ob die Apsis nach Osten oder nach Westen ausgerichtet war, siehe hierzu Selhorst (1931), 24-33.

[161] Taft (1968), 327; vgl. auch Krautheimer (1986), 101-102 und 217-218. Nußbaum (1971), 153-154, bestreitet zwar nicht, daß es diese Anordnung gegeben habe, bezweifelt aber, daß sie jemals allgemeine Praxis im Altertum gewesen sei.

sen, der dem Klerus für zeremonielle Funktionen diente, woraus geschlossen werden kann, daß der Rest des geräumigen Hauptschiffes den Gläubigen zur Verfügung stand.[162] Was Gambers Deutung der Verhältnisse in der Palastkirche Theoderichs (S. Apollinare Nuovo) betrifft, so kann dabei auch der Reverenzabstand der Gläubigen zum Hof eine Rolle gespielt haben.

Die Auffassung, daß sich die ganze Versammlung in Basiliken mit Eingangsostung zu den geöffneten Toren hingewandt hätte, ist ebenfalls umstritten. Freilich sollte unser Urteil hier nicht von modernem Empfinden geleitet werden. Dieser liturgische Gestus erscheint nämlich keineswegs so ungewöhnlich im Kontext der religiösen Praxis in der Antike. Man betete im allgemeinen zum offenen Himmel, was für geschlossene Räume bedeutete, daß man sich zur geöffneten Tür oder zum offenen Fenster hin wandte. Hierfür gibt es auch zahlreiche jüdische und christliche Quellen (z.B. Dan 6,11; Tob 3,11; Apg 10,9 – Petrus steigt auf das Hausdach, um zu beten). Im babylonischen Talmud wird das Verbot des Rabbi Hiyya bar Abba überliefert, in Räumen ohne Fenster zu beten.[163] Origenes behandelt in seiner Schrift *De oratione* die Schwierigkeit, die auftritt, wenn ein Haus nicht nach Osten geöffnet ist. Er argumentiert, daß die Ausrichtung nach Osten ein höheres Prinzip

[162] De Blaauw (1994), I, 127-129 und 159-160.
[163] Babylonischer Talmud, *Ber* 5,1 (31a); 5,5 (34b).

als die Wendung zum freien Himmel ist.[164] Wir haben bereits auf die Synagogen aus der Zeit nach der Zerstörung des Tempels im Jahre 70 n. Chr. verwiesen, die mit dem Eingang nach Jerusalem ausgerichtet sind. Zum Gebet war die Versammlung offensichtlich zu den geöffneten Türen hin gewandt und blickte damit in die Richtung der heiligen Stadt. Vor diesem Hintergrund erscheint es möglich, daß die Gläubigen zusammen mit dem Klerus auch in Basiliken mit gewesteter Apsis während der eucharistischen Liturgie in Richtung Osten beteten.[165]

[164] Orig., *or.* 32: GCS Orig. II, 400.21-401.9; vgl. Peterson (1959), 1-4, und Wallraff (2000), 178-179. Ein ähnlicher Gedanke scheint auch den Hintergrund zu einer Bemerkung Cyrills von Jerusalem zu bilden. Den Umstand, daß sich der todkranke und reuevolle König Hiskija zum Gebet mit dem Gesicht zur Wand drehte (Jes 38,2), kommentiert Cyrill mit den Worten: «Die Stärke von Wänden ist kein Hindernis für Gebete, wenn sie andachtsvoll emporgesandt werden»; *Catechesis* 2,15: PG 33,403. Cyrille Vogel sieht in den Apsisfenstern von Basiliken einen Versuch, Ostung und die Wendung zum offenen Himmel im Gebet miteinander zu verbinden: «l'abside chrétienne n'est pas, semble-t-il, un succédané pour le ciel ‹ouvert› ou l'air libre; les fenêtres absidales, cependant, sont un essai pour concilier la prière vers l'est et la prière vers une ouverture. Les dates de l'apparition des percées dans l'abside n'ont pas été répertoriées avec précision»; Vogel (1967), 89, Fn. 7.

[165] Wilkinson (1984), 26-29, ist der Auffassung, daß auch in der Kirche von Tyrus aus dem frühen 4. Jh. und im konstantinischen *martyrion* am Hl. Grab von Jerusalem die liturgische Versammlung nach Osten gewandt betete, d.h. in Richtung der vermutlich geöffneten Türen. Diese beiden bei Eusebius von Caesarea beschriebenen Bauten gehören zu den wenigen Kirchen in der Levante mit Eingangsostung; vgl. Eus., *h. e.* X, 4, 37-46: GCS Euseb. 2/2, 873-876, und *v. Const.* III, 36-39: GCS Euseb. I, 100. Anders de Blaauw (2000), 36, der

Zu einer anderen Hypothese zur Gebetsrichtung von Zelebrant und Volk bei der Eucharistiefeier in Basiliken mit Eingangsostung gelangt man, wenn man davon ausgeht, daß die Wendung nach Osten verbunden war mit dem Blick nach oben, nämlich zu dem Osthimmel als Ort des Paradieses und der Wiederkunft Christi.[166] Die Antwort auf die Aufforderung *Sursum corda* umfaßte aufrechtes Stehen, Emporheben der Hände und Aufblicken zum Himmel als körperliche Gesten. Nicht zufällig haben viele frühchristliche Basiliken in den Apsiden sowie auf den Triumph- und Apsisbögen – und meistens nur dort – großartige Mosaiken, deren Bildprogramme dichte und vielfältige Bezüge zu der unter ihnen vollzogenen Eucharistiefeier zeigen.[167] Es ist durchaus vorstellbar, daß die Mosaiken in der Apsis und am Apsisbogen dazu dienten, den Ort auszuzeichnen, zu dem die ganze Versammlung beim Hochgebet aufschaute. Priester und Volk beteten in Orantenhaltung mit ausgebreiteten Armen und nach oben gerichtetem Blick ohne weitere rituelle Gesten. Dabei war der Altar im Westen ohnehin an den Anfang der Apsis oder in das Kirchenschiff hineingerückt, so daß auch der davor stehende Zelebrant bequem

vorschlägt, daß hier nicht die Praxis des Synagogengottesdienstes, sondern die Anlage des Jerusalemer Tempels, dessen Eingang in Richtung Osten lag, im Hintergrund gestanden sei. Nach Ez 8,16-18 sei es undenkbar gewesen, daß die liturgische Versammlung sich vom Altar ab- und zum Eingang hingewandt hätte.

[166] Vgl. Righetti (^{3}1964), 377-379.

[167] Vgl. Nilgen (2000) und Belting-Ihm (^{2}1992).

in die Apsiskalotte hinaufschauen konnte.[168] Die überwältigenden Mosaiken waren gleichsam eine Darstellung des Himmels, so daß die gemeinsame Ausrichtung auf die Apsis als «ideelle Ostung» verstanden werden konnte.[169] Diese Deutung bedarf sicher einer

[168] Nach Jacobsen (2000a), 70-71, läßt die Anlage des Apostelgrabes in der konstantinischen Petersbasilika vor den Umbauten unter Papst Gregor dem Großen darauf schließen, daß der Zelebrant bei der Eucharistiefeier zur Apsis hin, d.h. nach Westen, gestanden sei.

[169] Dies gilt wohl auch für die *Basilica Nova* von Cimitile in Kampanien, die unter Bischof Paulinus von Nola in den Jahren von 401 bis 403 erbaut wurde. Die neue Basilika war im rechten Winkel zur alten auf das hochverehrte Grab des Bekenners Felix nach Süden hin ausgerichtet und schloß mit einer Apsis im Norden ab; vgl. den Brief des Paulinus an Sulpicius Severus, *ep. 32*, 13: CSEL 29, 288, und die Ergebnisse der Ausgrabungen vor Ort bei Korol (1992). Für diese ungewöhnliche Anlage können praktische Gründe geltend gemacht werden, denn der Garten im Norden der zwischen 350 und 375 entlang der West-Ost-Achse errichteten, dreischiffigen *Basilica Vetus* und der in diese integrierten *aula feliciana* mit dem Felixgrab scheint der einzige freie Platz gewesen zu sein für den Neubau. Die nach Norden hin gelegene Apsis der neuen Kirche hat zwei kleine gebogene Nischen (Konchen) auf der linken und der rechten Seite. Aus der Beschreibung des Paulinus (*una earum immolanti hostias iubilationis antistiti patet, alia post sacerdotem capaci sinu receptat orantes*) läßt sich nicht entnehmen, daß der Bischof beim eucharistischen Opfer zur rechten Nische und somit nach Osten gewandt war, wie von Peeters (1969), 218-219, Wilkinson (1984), 16-17 und 22 (Fig. 6), de Blaauw (2000), 34-36, und Wallraff (2001), 72-75, vermutet wird. Die neue Basilika war mit großartigen Mosaiken ausgeschmückt, deren Zentrum ein großes Kreuz in der Apsis bildete, vgl. Belting-Ihm (^{2}1992), 179-181. Es erscheint nicht abwegig, daß sich die ganze Versammlung, einschließlich des Zelebranten, bei der Eucharistiefeier auf das Apsiskreuz hin ausrichtete, das als Ziel des Gebetes und somit als «ideeller Osten» diente.

gründlichen Prüfung, sie hat jedoch den Vorzug, daß Liturgie und Architektur besser aufeinander bezogen sind als bei den Ansätzen Bouyers und Gambers.

Auch wenn wir annehmen, daß es in den frühchristlichen Basiliken zu einem Gegenüber von Priester und Volk gekommen wäre, so kann man zumindest für das eucharistische Hochgebet einen visuellen Kontakt ausschließen, denn alle beteten mit erhobenen Armen und nach oben gerichtetem Blick. Im übrigen ging am Altar nur wenig vor sich, denn rituelle Gebärden des Zelebranten wie Kreuzzeichen, das Küssen des Altars, die Handlungen mit den eucharistischen Gestalten, besonders ihre Elevation, und die Kniebeugen bei der Wandlung kamen erst später hinzu.[170] In der Antike und im frühen Mittelalter wäre es den Menschen sonderbar vorgekommen, das Schauen auf das Tun des Zelebranten mit wirklicher Teilnahme am Gottesdienst gleichzusetzen. Jedenfalls war dem christlichen Altertum die Zelebration *versus populum* im heutigen Sinne unbekannt,[171] und es wäre ein Anachronismus, als Prototyp dieser Feier die Praxis der römischen Basiliken mit Eingangsostung heranzuziehen.

Diese hier präsentierten Hypothesen können nur als vorläufige Antworten auf die schwierigen Fragen nach dem Ursprung und der Einrichtung der römi-

[170] Vgl. Bouyer (1993), 57-58.
[171] Dies wird auch von Nußbaum (1965), 448, bestätigt.

schen Basiliken betrachtet werden. Es wird sich zeigen, was in der gelehrten Diskussion Bestand haben wird. Gerade der Vergleich mit dem Kirchenbau im Osten unterstreicht jedoch die Einsicht Bouyers, der den Gedanken, «die römische Basilika sei die ideale Form der christlichen Kirche, weil sie eine Zelebration erlaube, bei der sich Priester und Gläubige von Angesicht zu Angesicht gegenüberstehen», entschieden zurückweist.[172] Eine solche Deutung wird dem patristischen Liturgieverständnis nicht gerecht. Für Bouyer stellt der byzantinische Kirchenbau eine eigenständige Weiterentwicklung der Basilika dar, wobei all jene Elemente umgestaltet oder entfernt wurden, die der christlichen Liturgie nicht angemessen waren, und so ein neuer Gebäudetypus entstand. Bedeutsam war auch die Herausbildung einer Ikonographie, die in engem Zusammenhang zu den in der Liturgie gefeierten Mysterien steht und diese im künstlerischen Ausdruck sinnlich erfaßbar macht. Demgegenüber hat der Kirchenbau im Westen die Basilikastruktur nie ganz hinter sich gelassen. Die reiche, theologisch konzipierte Ausschmückung von Ostwand und Kuppel in byzantinischen Kirchen findet im Westen jedoch eine Entsprechung in den ottonischen und romanischen Wandmalereien und ebenso in den eindrucksvollen Altaraufbauten des Spätmittelalters, der Renaissance und des Barock, deren Thematik eng mit der Eucharistie verbunden

[172] Bouyer (1964), 213.

ist und so auf den in der Meßfeier geschenkten Vorgeschmack der ewigen Herrlichkeit weist.[173]

Bezeichnenderweise ist es bis in die jüngste Zeit im Westen kaum zu einer Übernahme des «dem Volk zugewandten» Altars aus den römischen Basiliken gekommen. Abgesehen von der bewußten Imitation der stadtrömischen liturgischen Praxis und der ihr entsprechenden Bauformen, die ihren Höhepunkt in dem weit ausgreifenden politischen und kulturellen Programm der karolingischen «*Renovatio*» erreichte, hat sich Rom in diesem Punkt eher die zeremoniellen Gepflogenheiten der anderen westlichen Kirchen angeeignet denn umgekehrt.[174] In der ältesten uns überlieferten Gestalt des *Ordo Romanus I* aus dem siebten Jahrhundert heißt es, daß der Pontifex für das Gloria an seiner Kathedra nach Osten gekehrt steht (*stat versus ad orientem*). Eine ausführlichere Version des *OR I* aus der ersten Hälfte des achten

[173] Vgl. Bouyer (1993), 60-82.

[174] Schon Weigand (1922), 381-382, hat mit Bezug auf den Kirchenbau in Aquileia und Ravenna darauf hingewiesen, daß der lateinische Westen nicht mit der Stadt Rom gleichzusetzen ist; siehe jetzt auch Lara (1994), 215-216, Jacobsen (2000a), 76-84, und (2000b), *passim*. In einigen karolingischen Kirchen, wie z.B. St. Gallen, wurden nach römischem Vorbild Westchöre angelegt, in denen der Zelebrant an der Westseite des Altars stand und nach Osten in das Kirchenschiff blickte. Diese Entwicklung blieb jedoch Episode, vgl. Jacobsen (2000a), 83: «Um es deutlich zu sagen: Die ‹römische› Form des Sanktuariums hat im Norden trotz aller unterstützenden Versuche nur befristet Anklang gefunden; sie hat sich nicht durchgesetzt».

Jahrhunderts bestimmt, daß der Bischof sich nach dem Ende des *Kyrie* zum Volk (*contra populum*) wendet und *Gloria in excelsis Deo* intoniert, worauf er sich sofort wieder nach Osten kehrt. Nach dem Gloria wendet er sich wieder den Gläubigen zu und grüßt sie mit *Pax vobis*. Darauf kehrt er sich zurück nach Osten zum *Oremus* und zur anschließenden Oration.[175] Die kurze, ältere Rezension geht offensichtlich von einer römischen Basilika mit Eingangsostung aus, wo der Bischof an seiner Kathedra nach Osten und somit zum Volk hin gewandt steht. Die lange, spätere Rezension hingegen setzt eine Kirche mit Apsisostung voraus.[176]

[175] *OR I*, 51 und 53: II, 83 und 84 Andrieu.

[176] Bei «*dirigens se pontifex contra populum incipit Gloria in excelsis Deo*» muß es sich allerdings nicht um einen altgallischen Einschub handeln, vgl. Jungmann ([5]1962), I, 458, Fn. 47: «Nach Andrieu (II, 7) wäre die Zwischenbemerkung erst ein gallikanischer Einschub, was aber angesichts des in der gleichen Bemerkung (II, 84) vorkommenden nichtgallikanischen *Pax vobis* kaum annehmbar ist». Zur liturgischen Orientierung in den hochmittelalterlichen *Ordines romani* siehe Vogel (1960). Vgl. die Dissertation von Nebel (1998) zur Entwicklung des römischen Meßritus im ersten Jahrtausend anhand der *Ordines romani*, die mir nicht zugänglich war.

III.
DER THEOLOGISCHE GEHALT VON OSTUNG UND GEMEINSAMER AUSRICHTUNG IM LITURGISCHEN GEBET

1. *Zur Relevanz der liturgischen Praxis in der frühen Kirche*

Der historische Teil dieser Arbeit könnte auch dort, wo er auf Zustimmung trifft, die Frage aufwerfen, welche Relevanz die frühchristliche Regel der Wendung nach Osten und der gemeinsamen Ausrichtung im liturgischen Gebet heute noch habe, da sich immerhin die Zeiten und mit ihnen die Menschen geändert hätten. Tatsächlich müssen bei der Übertragung liturgiegeschichtlicher Einsichten auf die Situation der Kirche in der Welt von heute Archäologismen vermieden werden, vor denen schon Papst Pius XII. in seiner Liturgieenzyklika *Mediator Dei* warnte.[177] Es ist zweifelsohne ein Wesenszug des christlichen Glaubens, sich immer wieder zu beziehen auf die Lehre und die Praxis des Zeitalters der Kirchenväter, die diesen Titel nicht von ungefähr tragen. Ein patristisches Ressourcement ist für das Leben der Kirche zwar unerläßlich, jedoch nicht allein hinreichend. Unter der Führung von Theologen wie John Henry Newman propagierte die Oxfordbewegung die Auffassung, die Church of England habe Lehre und Pra-

[177] Pius XII. (1947), 545-546 (Nr. 61-62).

xis des patristischen Zeitalters am reinsten bewahrt und sei somit die *Via Media* zwischen den Abirrungen und Auswüchsen der römischen Kirche und dem Rationalismus und Glaubensabfall des Protestantismus. Newmans große Einsicht war, daß bei diesem Rückgriff auf «Antiquity», auf dem die Theorie von der *Via Media* ruhte, das Prinzip von der geschichtlichen Entfaltung der Glaubenslehre ignoriert wurde. Eine solche Entwicklung fand bereits im apostolischen Zeitalter statt und erfuhr im Mittelalter und in der Neuzeit eine authentische Fortsetzung durch das Lehramt der katholischen Kirche, so daß die ausschließliche Bezugnahme auf die Lehre der Kirchenväter zu einer defizienten Fiktion wird. Mit anderen Worten: «The *Via Media* has slept in libraries; it is a substitute of infancy for manhood».[178] Wie Newman bemerkt, gilt dies nicht nur für die Glaubenslehre, sondern auch für die Liturgie.[179] Um

[178] Newman (1913), 111, vgl. 104-114.

[179] Vgl. Newman (1878), 29-30: «... the increase and expansion of the Christian Creed and Ritual, and the variations which have attended the process in the case of individual writers and Churches, are the necessary attendants on any philosophy or polity which takes possession of the intellect and heart, and has had any wide or extended dominion; that, from the nature of the human mind, time is necessary for the full comprehension and perfection of great ideas; and that the highest and most wonderful truths, though communicated to the world once for all by inspired teachers, could not be comprehended all at once by the recipients, but, as being received and transmitted by minds not inspired and media which were human, have required only the longer time and deeper thought for their full elucidation. This may be called the *Theory of Development of Doctrine*».

ein Bild des großen englischen Theologen aufzunehmen: Für die Geistesgeschichte im allgemeinen gilt, daß ein Fluß nicht an der Quelle am klarsten ist, sondern erst, wenn er schon ein Stück Wegs zurückgelegt, sein Bett an Breite und Tiefe gewonnen hat und er zu einem klaren und kraftvollen Strom geworden ist.[180]

Im Sinne Newmans äußerte sich auch Ratzinger, als er im Jahre 1966 feststellte, unter Theologen gebe es

> einen gewissen Archaismus, dessen Ziel es ist, die klassische Gestalt der römischen Liturgie vor den mittelalterlichen und karolingischen Überwucherungen wiederherzustellen. Als Maßstab liturgischer Erneuerung fungiert dann nicht die Frage: Wie soll es sein, sondern die Frage: Wie war es damals? Dazu aber ist zu sagen: Obwohl das Damals uns unerläßliche Hilfe gibt, um das Heute zu bewältigen, ist es doch nicht einfach der Maßstab, den man der Reform zugrunde legen kann. Zu wissen, wie Gregor der Große es gehalten hat, ist wertvoll, aber kein zwingender Grund, daß es heute wieder so sein müsse. Mit diesem Archaismus aber hatte man sich doch vielfach den Sinn für das Legitime, das auch in späteren Entwicklungen liegt, verbaut und den Geschmack einer Periode dogmatisiert, der ehrwürdig ist, aber so wenig alleinseligmachend wie irgendein anderer Geschmack auch.[181]

Ratzinger weist auch auf die eigentümliche Ambivalenz dieses Archaismus hin, insofern der hohe Gestus eines liturgischen Purismus umschlagen kann

[180] Newman (1878), 40.
[181] Ratzinger (1966), 252.

in ungezähmte Neuerungssucht. Als Beispiel führt er an, wie noch in den Jahren vor dem II. Vaticanum der gregorianische Choral als die einzig legitime Art von Kirchenmusik propagiert wurde und spätere Formen, wie die konzertanten Messen der Barockzeit oder die Orchestermessen der Klassik und der Romantik, als der liturgischen Feier völlig unangemessen abgewiesen wurden, während in den sechziger Jahren «in plötzlich ausgebrochener Jazz-Begeisterung ganz andere Orchester als ehedem Einzug ins Gotteshaus» hielten. Daraus schließt Ratzinger: «Der bloße Archaismus hilft nicht und die bloße Modernisierung noch weniger».[182]

Ein deutliches Beispiel für einen solchen Archaismus ist der Gedanke, der Priester solle bei der Eucharistiefeier zum Volk hin gewandt stehen, mit der Begründung, daß dies schon die Position Jesu beim Letzten Abendmahl mit seinen Jüngern gewesen sei. Dieser Idee liegt die unhaltbare Annahme zugrunde, die rituelle Gestalt der christlichen Eucharistiefeier sei eine Reproduktion der Verhältnisse in jenem Obergemach, wo Jesus mit seinen Jüngern das Letzte Abendmahl hielt. Zwar hat Christus das Sakrament des Neuen Bundes im Kontext einer jüdischen Mahl-

[182] Ratzinger (1966), 253. Fast zwei Jahrzehnte später wiederholte er diese Kritik im Rückblick und fügte hinzu: «In Wirklichkeit ist die mittelalterliche Kirche (oder in mancher Beziehung auch die Kirche des Barock) auf eine liturgische Vertiefung zugeschritten, die erst mit Aufmerksamkeit geprüft werden müßte, bevor man sie beseitigt», Ratzinger (1985), 136-137; vgl. jetzt Ratzinger (2000), 71-72 und 74-79.

feier eingesetzt, der Auftrag «Tut dies zu meinem Gedächtnis» bezieht sich aber nicht auf das Mahl als solches, sondern auf das Neue. Das eucharistische Opfer seines Leibes und Blutes läßt das Opfer des Kreuzes durch die Zeiten hindurch bis zu seiner Wiederkunft fortdauern. Der christliche Gottesdienst bezieht sich auf das Pascha-Mysterium, die umfassende Wirklichkeit des Leidens, des Todes und der Auferstehung Christi, und kann daher nicht auf die Kategorie «Mahl» reduziert werden. Somit war es sachgemäß, daß dieses Neue sich sehr bald aus dem alten Kontext gelöst hat und seine eigene rituelle Gestalt gefunden hat. Es wäre ein abwegiger Archaismus zu meinen, daß der Übergang von der Eucharistie als Gemeinschaftsmahl im strengen Sinne zu einer Kultfeier, zur Liturgie als «Dienst vor Gott» (vgl. u.a. Dtn 26,10; Hebr 10,11) rückgängig gemacht werden sollte, ja könnte.[183] Hinzu kommen in diesem Fall auch unhistorische, gewissermaßen romantische Vorstellungen von den Verhältnissen im Abendmahlssaal. Wie bereits gesehen, war es zur Zeit Jesu und weit darüber hinaus üblich, zum Mahl auf Klinen zu liegen, die zu einem Halbkreis angeordnet waren, wobei zum Abstellen der Speisen und Getränke kleine Tische dienten. Der Ehrenplatz befand

[183] Vgl. Ratzinger (2000), 68-69: «Diese neue Gesamtgestalt war als solche nicht einfach vom Mahl abzuleiten, sondern aus dem Zusammenhang von Tempel und Synagoge, von Wort und Sakrament, von kosmischer und geschichtlicher Dimension zu bestimmen». In diesem Sinne äußert sich auch Jungmann (1967), 375.

sich am rechten Ende des Halbkreises. Ab dem 13. Jahrhundert wurde zunehmend die zeitgenössische Tischordnung auf Abendmahlsbilder übertragen, wobei Jesus in der Mitte eines langen Tisches im Kreis der Apostel Platz nimmt. Dieser neue, nicht zuletzt durch das «Abendmahl» Leonardo da Vincis allgemein bekannte Bildtypus scheint auch Martin Luther vor Augen gestanden zu sein, als er in seiner «Deutschen Messe» aus dem Jahre 1526 forderte, in der «rechten Messe» müßte der Altar nicht so bleiben wie bisher. Vielmehr müßte der Priester sich immer zum Volk kehren, wie es ohne Zweifel Christus beim Abendmahl getan habe.[184] Wenn in einigen Kirchen die mittelalterlichen Retabelaltäre so verändert wurden, daß der Zelebrant hinter dem Altar zum Volk gewandt stehen konnte, so kann darin der zeremonielle Ausdruck von Luthers gewandeltem Verständnis des Einsetzungsberichtes gesehen werden. In scharfer Polemik verwarf Luther den Römischen Meßkanon als Abgötterei und reduzierte ihn auf die Konsekrationsworte, die er als Verkündigung verstand und daher auch im Evangelienton zu singen vorschrieb.[185] Die Anregung Luthers, die *verba consecrationis* zum Volk hin zu sprechen oder vielmehr zu singen, wurde zunächst jedoch nur vereinzelt aufgegriffen, etwa bei den Reformierten

[184] Allerdings fügte Luther hinzu: «Nu, das erharre seyner zeyt», *Deutsche Messe und Ordnung Gottesdiensts*, «Des Sonntags für die Laien»: WA XIX,80.

[185] Vgl. Meyer (1965), 246-261, bes. 256-257, sowie Jungmann (1970), 21.

im südwestdeutschen Raum, z.B. bei Martin Bucer in Straßburg, nicht jedoch in Wittenberg.[186] In der Regel behielten lutherische Gemeinden bis in die jüngste Zeit die gemeinsame Orientierung beim liturgischen Gebet bei, trotz der Ablehnung des Meßopfers.[187] Seit dem II. Vaticanum ist auch auf evangelischer Seite vermehrt gefordert worden, Pfarrer sollten der Feier des Abendmahls *versus populum* vorstehen, dieser Vorschlag ist allerdings unter Theologen auf Widerspruch gestoßen und bisher nur vereinzelt in die Praxis umgesetzt worden.[188]

Von der Gottesdienstkongregation wird zurecht bemerkt, daß die Symbolik der Gebetsostung in der lateinischen Kirche nach und nach verlorengegangen ist.[189] Tatsächlich war die Ostung von Kirchenbauten im Westen spätestens seit dem 16. Jahrhundert kein allgemeines Prinzip mehr.[190] In dem von Papst Paul III. im Jahre 1539 approbierten *Directorium divinorum officiorum iuxta Romanae curiae ritum* bezieht sich Ludwig Ciconiolanus auf ein schon früher auf-

186 Vgl. Meyer (1965), 259-260, und Schulz (1970), 34.

187 Daß in einem anderen Kontext sehr wohl ein Zusammenhang zwischen der Stellung des Liturgen am Altar und dem Opfercharakter der Eucharistie gesehen wurde, zeigt die Bedeutung, die der gemeinsamen Gebetsrichtung von der anglikanischen Oxfordbewegung im 19. Jh. beigemessen wurde, siehe unten S. 121-125.

188 Vgl. Walther (1999) mit Literaturverweisen.

189 *Notitiae* (1993), 247.

190 Wichtige Etappen dieser Entwicklung, die auch zu Mißverständnissen über die Eigenart des frühchristlichen römischen Kirchenbaus führte, werden dokumentiert von de Blaauw (2000), 43-51.

gekommenes Dubium, ob man einen Altar nach Westen hin errichten könne. Ciconiolanus erklärt, daß es bei einem nach Westen ausgerichteten Altar für den Priester üblich war, an dessen Rückseite zu stehen und die Messe *versa facie ad populum* zu feiern. Nach der Entscheidung der Päpste und dem allgemeinen Brauch der Kirche feiere der Priester jetzt die Messe «mit dem Rücken zum Volk». Es sei rechtlich nicht bestimmt, daß der Altar nicht gegen Westen errichtet werden dürfe. Daher stehe es uns frei, den Altar nach irgendeiner Himmelsrichtung hin aufzustellen.[191] Daß die christliche Gebetsrichtung allerdings noch nicht in Vergessenheit geraten war, zeigen die *Instructiones fabricae et supellectilis ecclesiasticae* von Carlo Borromeo aus dem Jahre 1577. In diesem bedeutenden Werk zur Reform des Kirchenbaus nach dem Konzil von Trient bestimmte der

[191] Ciconiolanus, *Directorium divinorum officiorum*: hg. von Legg (1904), 202; vgl. hierzu Nußbaum (1971), 161. Möglicherweise bezieht sich Ciconiolanus hier auf ein Dekret des Papstes Vigilius (537-555), wie schon Durandus, *Rationale divinorum officiorum* V,II,57: CChr.CM 140A, 42. Dölger (^{2}1925), 333-334, stellte fest, daß ein entsprechendes Dekret aus den Schriften dieses Papstes nicht belegt werden könne. Walafrid Strabo räumt in seinem um 830 verfaßten *Libellus de exordiis et incrementis quarundam in observationibus ecclesiasticis rerum*, 4: hg. von A. Boretius – V. Krause (MGH.Cap 2), 477-478, ein, daß es auch möglich sei, Altäre gegen Westen und andere Himmelsrichtungen aufzustellen, gibt jedoch ein Zeugnis für die nahezu allgemeine Geltung der Ostung für den Kirchenbau: *Sed tamen usus frequentior … et rationi vicinior habet in orientem orantes converti et pluralitatem maximam ecclesiarum eo tenore constitui*, 478.22-24. Vgl. Jacobsen (2000a), 81.

Erzbischof von Mailand, daß die *cappella maior* mit dem Hauptaltar geostet sein solle. Wo dies aber unmöglich sei, könne sie auch in eine andere Richtung (außer gen Norden) ausgerichtet sein, vorzugsweise allerdings nach Westen,

> *ubi pro Ritu Ecclesiae a sacerdote versa ad populum facie Missae sacrum in altari maiori fieri solet.*[192]

Wenn Borromeo von dem «kirchlichen Brauch» (*pro ritu ecclesiae*[193]) spricht, wonach der Zelebrant die hl. Messe am Hauptaltar zum Volk hin gewandt feiert, so hatte er wohl die ihm vertrauten römischen Basiliken vor Augen. Seine Bemühungen um eine Erneuerung der Kirchenarchitektur waren Teil eines umfassend angelegten Programms, den Anspruch Mailands als *Secunda Roma* zu verwirklichen.[194] Nichtsdestoweniger war für Borromeo die Gebetsostung das überragende Prinzip von Kirchenbau und Liturgie.[195]

Aus der geschichtlichen Entwicklung seit dem ausgehenden Mittelalter wird in dem «Editoriale» der Gottesdienstkongregation der Schluß gezogen, daß

[192] Carlo Borromeo, *Instructiones fabricae et supellectilis ecclesiasticae. Lib. I. Cap. X. De cappella maiori*, zitiert nach der Ausgabe von della Torre–Marinelli (2000), 28.

[193] Voelker (1977), 5, spricht in ihrem ausführlichen Kommentar zu den *Instructiones* zurecht von «the rather terse directives found in the text».

[194] Vgl. Mayer-Himmelheber (1984).

[195] Insofern sind die Ausführungen von Gy (2002), 62, mißverständlich.

die Ostung nicht eine grundlegende Tradition der christlichen Liturgie darstellen könne; dies sei dahingestellt. Weiterhin wird mit Bezug auf die Enzyklika *Mediator Dei* Pius' XII. gefragt, ob man nicht ebenso «archäologisiere», wenn man in der Anlage des Altares *versus orientem* den entscheidenden Schlüssel für eine korrekte Feier der Eucharistie sehe.[196] Diese Frage könnte bejaht werden, wenn es wirklich nur darum ginge, den Altar nach einer bestimmten Himmelsrichtung auszurichten. Auch wenn für die Christen in den ersten Jahrhunderten der Osten von besonderer theologischer und liturgischer Bedeutung war – versinnbildlicht die Wendung dorthin doch die lebendige Erwartung der Wiederkunft des auferstandenen und erhöhten Christus zum Gericht sowie die Bewegung des pilgernden Gottesvolkes hin auf die künftige Herrlichkeit, deren Vorgeschmack ihm in der Feier des eucharistischen Opfers teilhaftig wird –, so könnte dem entgegengehalten werden, daß mittlerweile diese eschatologische Symbolik von ihrem kosmologischen Kontext losgelöst worden ist und der Versuch, diese Bindung zu restituieren, nur ein weiterer Archäologismus wäre, von ebenso zweifelhaftem Wert wie viele andere, die in den letzten Jahrzehnten probiert wurden. Hier geht es aber um die gemeinsame Gebetsrichtung in der Liturgie, bei der es sich m.E. schon deshalb nicht um einen Archaismus handelt, weil dies die nahezu

[196] *Notitiae* (1993), 247.

allgemeine Praxis der lateinischen Kirche bis in die jüngste Zeit gewesen ist und in den Kirchen der byzantinischen, syrischen, armenischen, koptischen und äthiopischen Tradition noch immer die Regel darstellt. Die liturgische Überlieferung und die gegenwärtige Praxis aller nicht-unierten und der meisten unierten Ostkirchen kennen eine gemeinsame Gebetsrichtung von Priester und Gemeinde zumindest bei der Anaphora. Daß bei einigen unierten Ostkirchen, vor allem in der Diaspora, tatsächlich die «*celebratio versus populum*» praktiziert wird, geht auf nachkonziliaren römisch-katholischen Einfluß zurück und stellt eine Art von traditionsfremder, moderner Latinisierung dar, wie z.B. bei den Maroniten und den Syro-Malabaren. Die zuständige römische Kongregation hat in der Instruktion *Il Padre incomprensibile* vom 6. Januar 1996 eindrücklich darauf hingewiesen, daß die Feier der Liturgie *versus orientem* und somit die Gleichwendung von Priester und Volk eine von alters her überlieferte, bedeutungsvolle und lebendige Tradition darstellt, die im Bereich der mit Rom unierten orientalischen Kirchen zu bewahren ist.[197]

Die Frage der Gebetsrichtung in der eucharistischen Liturgie ist von besonderer Aktualität in der syromalabarischen Kirche Indiens, die der ostsyrischen Tradition angehört und die zweitgrößte katholische

[197] Congregatio pro Ecclesiis Orientalibus (1996), 85-86 (Nr. 107). Diese Instruktion ist auch bei Lora (1999), 88-89, zu finden.

Ostkirche bildet.[198] Nach dem II. Vaticanum kam auch bei den Syro-Malabaren die Praxis auf, daß Priester zum Volk hin gewandt zelebrierten. Gerade angesichts der hervorragenden Bedeutung, die der Gebetsostung in der ostsyrischen Tradition zukommt, kann diese spontane Einführung der «*celebratio versus populum*» nicht als «Indianisierung» und somit als Inkulturation der Liturgie gewertet werden, vielmehr treibt sie die Latinisierung des syro-malabarischen Ritus, der seit dem 16. Jahrhundert eine oft schmerzliche Geschichte durchlaufen hat, auf die Spitze. Daher gehört die allgemeine Rückkehr zur Stellung des zelebrierenden Priesters *versus orientem* während der Eucharistiefeier auch zu dem umfassenden Programm der syro-malabarischen Bischöfe und des Heiligen Stuhls, die genuin ostsyrischen Traditionen dieser Kirche wiederzubeleben.[199]

Im folgenden Teil dieser Arbeit soll es vor allem darum gehen, den theologischen Gehalt der Gebetsostung herauszuarbeiten, der auch dann noch gültig ist, wenn er von seinem strikt kosmologischen Kontext – der Wendung in eine bestimmte Himmelsrichtung – getrennt wird.

[198] Die syro-malabarische Kirche wurde 1992 von Papst Johannes Paul II. zu einer großerzbischöflichen Kirche erhoben und ist heute auf ca. 3,8 Millionen Mitglieder angewachsen.
[199] Vgl. Vazheeparampil (1998), bes. 248-252 zur Gebetsostung, und Pallath (2000), 125-127.

2. *Die theologische und liturgische Bedeutung der gemeinsamen Gebetsrichtung*

Die entscheidende Bedeutung der Gebetsostung liegt in der gemeinsamen Ausrichtung der liturgischen Versammlung beim Gebet.[200] Der innere Sinn dieser Tradition, deren äußere Erscheinungsform die Wendung in eine konkrete Himmelsrichtung ist, soll nun unter verschiedenen Gesichtspunkten dargestellt werden.

a) Die kosmische Symbolik der sakramentalen Feier

Im Anschluß an Jungmann entfaltet Ratzinger den Sinn der Gleichwendung von Priester und Volk zum

[200] Jungmann ([5]1962), I, 333, Fn. 15: «Die Ostung beim Gebet und die ihr zugrunde liegende Symbolik hat für uns freilich ihre lebendige Bedeutung verloren. Aber der Grundsatz, daß beim Gebet alle, auch der Zelebrant, in einer Richtung nach Gott ausschauen sollen, dürfte auch weiterhin für den gleichen Standort des Zelebranten sprechen, wenigstens dann, wenn man den Gedanken als Grundlage festhalten will, daß die Kirche noch unterwegs ist und Gott noch nicht endgültig besitzt. Der Grundsatz enspricht auch der im Darbringen enthaltenen Bewegung. Wäre die Messe nur Lehrgottesdienst und Kommunionfeier, so würde allerdings die Wendung zum Volke hin das Gegebene sein; anders wenn sie vor allem Huldigung und Opfer an Gott ist». Vgl. auch Gamber (1976), 26-27: «Zwar ist richtig, wie Nußbaum sagt, daß der moderne Mensch für eine Orientierung beim Gebet nach Osten wenig Verständnis mehr aufbringt. Für ihn besitzt die aufgehende Sonne nicht mehr die gleiche Symbolkraft wie für den antiken Menschen. Etwas anderes hingegen ist es mit der Gleichrichtung von Priester und Volk beim Gebet zu Gott hin. Daß alle Gläubigen ‹conversi ad Dominum› sein sollen, ist sicher zeitlos und auch heute noch sinnvoll».

gemeinsamen Akt der trinitarischen Anbetung. Im Zeichen der Gebetsostung wird die Wendung zu Gott sichtbar dargestellt gemäß dem Gebetsruf Augustins nach der Predigt: *Conversi ad Dominum.* Auf konkrete, leibliche Weise wird die Symbolik der Eucharistiefeier ausgedrückt, so daß sich ihr wahrer Raum und ihr wahrer Rahmen eröffnen, nämlich der ganze Kosmos. Die von Osten her aufgehende Sonne ist Auferstehungssymbol, «und insofern nicht nur christologische Aussage, sondern Hinweis auf die Macht des Vaters und das Wirken des Heiligen Geistes». Die liturgische Gebärde weist so auf die christliche Parusie-Hoffnung, und in der kosmischen Orientierung erschließt sich zugleich eine auferstehungstheologische und darin trinitarische Deutung der Eucharistie, die Ratzinger «eine Theologie der Hoffnung» nennt, «in der jede Messe Zugehen auf die Wiederkunft Christi ist». Kurz gefaßt ist die Gleichwendung von Zelebrant und Volk ein «Ausdruck einer kosmisch-parusialen Sicht der eucharistischen Feier».[201]

Die kosmische Symbolik der sakramentalen Feier leistet die Gewähr für die Durchsichtigkeit der Welt

[201] Ratzinger (^{3}1993), 122. Dieser Punkt wurde auch von der Gottesdienstkongregation aufgegriffen (1993), 246: «La disposizione dell'altare in modo che il celebrante e i fedeli guardassero ad oriente ... è splendida applicazione del carattere ‹parusiaco› dell'Eucaristia». Siehe jetzt Ratzinger (2000), 60-63 und 65-73. Vgl. auch die ausführliche Besprechung von Kardinal Ratzingers *Der Geist der Liturgie* bei Cantoni (2002).

auf die geistigen Wirklichkeiten, denn die Orientierung des Gebets reicht über den sichtbaren Altar hinaus zur künftigen Herrlichkeit, die in der Eucharistiefeier vorweggenommen wird. Bouyer fordert daher: «Die sakramentale Welt darf nie zu einer von der realen Welt getrennten Welt werden».[202] Wenn sich der Liturge zusammen mit den Gläubigen beim Gebet dem Altar zukehrt, so ist er der sichtbare Anführer des pilgernden Gottesvolkes im gemeinsamen Aufbruch zum wiederkommenden Herrn. Übrigens hat diese Bewegung auf den Herrn hin in der Kirche des ersten Jahrtausends seinen hervorragenden künstlerischen Ausdruck in der Ausgestaltung des Altarraumes gefunden, wo das Kreuz und der verklärte Christus den Zielpunkt der irdischen Pilgerschaft darstellen. Die gemeinsame Gebetsrichtung ist ein Ausschauen nach dem Ort des Herrn und hält den eschatologischen Charakter der Eucharistiefeier lebendig, die ausgerichtet ist auf eine künftige Vollendung in der Gegenwart des lebendigen Gottes.[203] So ist die liturgische Versammlung als *Ecclesia peregrinans* offen auf die Versammlung der Heiligen in der himmlischen Stadt, wie der Hebräerbrief in Erinnerung ruft:

[202] Bouyer (1993), 90.

[203] Vgl. Ratzinger (2000), 65-66: «Die Gebetsrichtung nach Osten ist Tradition vom Anfang her und grundlegender Ausdruck der christlichen Synthese von Kosmos und Geschichte, von Verankerung im Einmaligen der Heilsgeschichte und von Zugehen auf den kommenden Herrn». Die kosmische Dimension der Liturgie wird von Ratzinger exemplarisch grundgelegt.

> Ihr seid vielmehr zum Berg Zion hingetreten, zur Stadt des lebendigen Gottes, dem himmlischen Jerusalem, zu Tausenden von Engeln, zu einer festlichen Versammlung und zur Gemeinschaft der Erstgeborenen, die im Himmel verzeichnet sind; zu Gott, dem Richter aller, zu den Geistern der schon vollendeten Gerechten, zum Mittler eines neuen Bundes, Jesus, und zum Blut der Besprengung, das mächtiger ruft als das Blut Abels (Hebr 12,22-24).

Christoph Kardinal Schönborn greift die Ausführungen Ratzingers auf und fügt den Gedanken hinzu, daß die gesamte liturgische Feier ein *obviam Sponso* ist, eine Vorwegnahme des endgültigen Kommens Christi, gemäß Mt 25,6: «Um Mitternacht aber erscholl der Ruf: Siehe, der Bräutigam! Kommt heraus, ihm entgegen!» Dabei betont Schönborn, wie wichtig sinnenhafte Zeichen, etwa die Gleichwendung im Gebet, sind, um den Glauben zu «inkarnieren».[204] Umgekehrt ist auch dem geschlossenen Kreis, der durch das ständige Gegenüber von Zelebrant und Volk angedeutet wird, eine bestimmte Symbolik zu eigen. Das Ideal der christlichen Kirche ist nicht der Rundbau mit Altar, Ambo und Sessio im Zentrum, und es ist kein historischer Zufall, daß diese Form bis in die zweite Hälfte des 20. Jahrhunderts kaum verwirklicht wurde. Bei der neuen Zelebrationsrichtung *versus populum* kann die Gemeinde, gleichsam in sich gekehrt, dazu neigen, daß sie die transzendente Dimension der Eucharistiefeier

[204] Schönborn (^{2}1998), 155-158.

nicht mehr wahrnimmt. Die Überbetonung des kommunitären Aspekts führt sozusagen zu einer geschlossenen Gesellschaft, die nicht offen ist auf die unsichtbare Versammlung der Heiligen im Himmel und auf die anderen irdischen Versammlungen der Christen. Gewissermaßen dialogisiert die Gemeinde mit sich selbst.[205] Diese Ausblendung des Transzendenten geht einher mit einer Strömung des Zeitgeistes, die nicht unterschätzt werden darf. Vor einem Aufgehen Gottes in der menschlichen Gemeinschaft warnte bereits Henri de Lubac.[206] Heute droht umso mehr ein «kultischer Immanentismus»,[207] dem eine statische Auffassung des christlichen Gottesdienstes zugrundeliegt. Auch der protestantische Religionssoziologie Peter L. Berger macht darauf aufmerksam.[208] Es scheint, als ob letztlich nichts Außergewöhnliches stattfinde in dieser Versammlung von

205 Vgl. Ratzinger ([3]1993), 124, und Jungmann (1966), 449.

206 Vgl. de Lubac (1954), 102-103 und 156: «Zwar wird sich kein Christ geradezu zu einem ‹soziologischen Pantheismus› [*sc.* nach der Art Auguste Comtes] bekennen. Aber heißt das auch, daß alle Christen in ihren Gefühlsregungen und in ihrem praktischen Verhalten gegen die zeitgenössische Neigung gefeit sind, Gott in der menschlichen Gemeinschaft aufgehen zu lassen?»

207 Nichols (1996), 97: «the danger, namely, of a congregation's covert self-reference in a horizontal, humanistic world».

208 Berger (1992), 95-96: «This new position makes wonderfully clear that the sacred being that is worshiped exists not *outside* the gathered community but rather *inside* it. It is a powerful symbolic reversal ... what is happening here is a community worshipping itself. I strongly suspect that most of the time this is exactly what is happening. From a biblical point of view, what is happening is a form of idolatry».

Menschen, deren Erfahrung von Gemeinschaft im Mittelpunkt steht. Berger will den Gemeinschaftsaspekt des Gottesdienstes keineswegs bestreiten, jedoch geht es ihm, wie auch Kardinal Ratzinger, um die aufsprengende trinitarische und eschatologische Dynamik der gemeinsamen Gebetsrichtung.[209] Mit dieser Analyse deckt sich die nüchterne Bestandsaufnahme des liturgischen Lebens in der katholischen Kirche, die von Tena Garriga auf einem Symposium im Vatikan zu Rezeption und Aktualität des II. Vatikanischen Konzils im Lichte des Großen Jubiläums 2000 vorgetragen wurde. Garriga sieht eine weitgehende Desakralisierung und Säkularisierung der Liturgie, die mit einer nahezu ausschließlich horizontalen Vision des christlichen Lebens einhergeht

[209] Die uneingeschränkte Dominanz der Zelebration *versus populum* sowie andere einschneidende Neuerungen in der Liturgie gestatten laut Berger (1992), 96-97, folgenden Schluß: «It seems to me that all of this reflects a serious mistake about the nature of worship. All true worship is a difficult attempt to reach out for transcendence. It is this reaching *out* that must be symbolized, by whatever resources a particular tradition has at hand. The chosen form will certainly have a communal aspect. But the community itself is not the object of the exercise; at best it is the subject. I further think that in the Christian case, the religious community is what Wolfhart Pannenberg has called ‹proleptic›: The congregation itself is not what matters, but the community of the Kingdom of God which the gathered congregation feebly foreshadows. Nor is this proleptic community contained within the walls of a particular sanctuary: It includes the community of the living everywhere, and of the living and the dead; ultimately it includes the worshiping community of the angels and all creation». Vgl. auch Napier (1972), 629, Siebel (1972), 16-21, und neuerdings Harbert (2002).

und letztlich ihren Grund in einer defizienten Christologie hat.[210]

Paradoxerweise schlagen die Bemühungen um eine «gemeinschaftlichere» Gestaltung des Gottesdienstes um in eine neue Spielart des Klerikalismus, denn der zelebrierende Priester steht nun wesentlich deutlicher im Vordergrund. Dadurch wird gerade das Gegenteil dessen bewirkt, was durch die Betonung des Gemeinschaftsmahles erreicht werden sollte. Hans Urs von Balthasar weist hellsichtig auf diese eigentümliche Verbindung von liturgischer Gemütlichkeit und Klerikalisierung des Gottesdienstes hin:

> Etwas Geschmackloses ist seit dem (falsch ausgelegten) Konzil in die Liturgie eingedrungen: die Jovialität, die Anbiederung des Zelebrierenden mit der Gemeinde. Diese ist zum Beten und nicht zu einem gemütlichen Austausch gekommen; seltsamerweise ist durch diese Mißdeutung der Eindruck der postkonziliaren Liturgie wesentlich klerikaler geworden als früher, da der Priester von vorneherein als bloßer Diener des Gefeierten auftrat. Die persönlichen Kontakte sind

[210] Garriga (2000), 51-54. Garriga wendet sich auch gegen die Absolutsetzung des Postulates der «Verständlichkeit» in der Liturgie: «Ora: è assolutamente certo che tutto deve essere fatto in vista della comprensione? E ancora, di quale comprensione? Intelletuale, vitale? L'ingresso nella liturgia non si attua mediante grandi spiegazioni, ma applicando il grande principio di san Benedetto, citato dalla *Sacrosanctum Concilium*: *Mens nostra concordet voci nostrae*. La liturgia ha una *vox* che si deve lascriare udire nitidamente: la *vox* della liturgia sono le parole e le cose, i gesti, i silenzi della preghiera della Chiesa», ebd., 60.

vor und nach dem Gottesdienst durchaus erwünscht, aber während der Feier blicken alle gleicherweise auf den einzigen Herrn.[211]

Man könnte an dieser Stelle einwenden, es gehöre zur Gestaltwerdung – gleichsam zur «Inkarnation» – des Glaubens in der Liturgie, daß die Handlungen, welche der Zelebrant am Altar vollzieht, sichtbar sein sollten, womit die Anlage des Altars *versus populum* begründet werden könnte. Wie bereits erwähnt, war eine solche Forderung den Christen von der frühen Kirche bis in das Mittelalter fremd, da es ihnen unverständlich gewesen wäre, die Sichtbarkeit

[211] Balthasar (1978), 484. Die Kritik des Soziologen und Psychoanalytikers Alfred Lorenzer, die sich ausdrücklich nicht im Rahmen der innerkirchlichen Diskussion vollzieht, richtet sich besonders gegen eine «Scheindurchsichtigkeit, die die Sinnlichkeit des Hantierens mit der Durchsichtigkeit des Mythos verwechselt». Die sakralen Handlungen werden nun gleichsam vor Zuschauern vollzogen. Im Gegensatz zu jener Diskretion, die in den Ostkirchen heute noch bewahrt wird und die auch der westlichen Liturgie bis vor kurzem zu eigen war, wird das Sakramentale in keiner Weise verborgen und dadurch geschützt. Die Folge ist, daß es in die Alltäglichkeit, ja Banalität herabsinkt; siehe Lorenzer (1984), 192. Lorenzers Kritik wird aus der Perspektive postmoderner Autoren wie Foucault und Derrida weitergeführt von Hoff (2000), 154. Der litauische Theologe Benas Ulevičius vertritt in seinem Buch *Der göttliche Osten. Die post-vatikanische Liturgiereform und die Frage der «Umkehrung der Altäre»* (2002) folgende These: Wo die liturgische Überlieferung, besonders bei der Gebetsrichtung, nicht mehr gepflegt wird, wenden sich die entfremdeten Gläubigen im Wortsinne dem «göttlichen Osten» (dieviškieji rytai) zu, nämlich fernöstlichen Religionen, von denen sie sich eine Erfüllung ihrer spirituellen Sehnsüchte erhoffen.

der kultischen Handlungen als Grundbedingung für eine wirkliche Teilnahme an der Eucharistiefeier zu betrachten. Ungleich wichtiger als das Prinzip der Sichtbarkeit war das der Hörbarkeit. Die Auffassung, die Gläubigen seien gleichsam Zuschauer des Geschehens am Altar, kann nur als abwegig bezeichnet werden und ist letztlich aus einem Mißverständnis entstanden, was auch daraus ersichtlich ist, welche Auswüchse die Konzentration auf die rituellen Handlungen des Priesters in den Meßerklärungen des Spätmittelalters gelegentlich zeitigte. Es liegt durchaus in der Intention der nachkonziliaren Liturgiereform, daß dem Hören wieder der angemessene Primat über das Sehen gewährt wird. In den Rubriken des *Novus Ordo Missae* sind die rituellen Gesten des Priesters ohnehin stark vereinfacht.[212]

[212] Vgl. Jungmann (1967), 379, und Napier (1972), 628-629: «If it survives in the new liturgy it means that the whole purpose of liturgical reform has not been understood, and nothing is more likely to help it survive than an arrangement which focuses attention on the priest's actions at the altar». Vgl. auch Ratzinger (2000), 71: «Nicht der Blick auf den Priester ist wichtig, sondern der gemeinsame Blick auf den Herrn. Nicht um Dialog geht es nun, sondern um gemeinsame Anbetung, um den Aufbruch zum Kommenden hin. Nicht der geschlossene Kreis entspricht dem Wesen des Geschehens, sondern gemeinsamer Aufbruch, der sich in gemeinsamer Richtung ausdrückt». Übrigens wandte sich Paul Claudel bereits im Januar 1955 – nur wenige Wochen vor seinem Tod – «mit aller Kraft» gegen die damals aufkommende Praxis der Meßfeier *versus populum*. Der Priester spreche «ins Leere hinein» mit den Gläubigen als «neugierigen Zuschauern»; Paul Claudel, «La Messe à l'envers», *Figaro littéraire* vom 29.01.1955, zitiert nach Jungmann (1960), 126.

Zugunsten der Zelebration *versus populum* wird ebenfalls angeführt, daß sie unerläßlich sei für das dialogische Geschehen zwischen dem Liturgen und der Versammlung, dessen Bedeutung für Teile der Meßfeier hier freilich nicht bestritten werden soll. Jedoch ist das übergeordnete Prinzip des Gottesdienstes der Dialog des ganzen Gottesvolkes, das heißt die Liturgen eingeschlossen, mit Gott. Wird dies nicht beachtet, so wird die Eucharistiefeier ununterscheidbar vom Lehrgottesdienst, ja von einer katechetischen Vorlesung.[213] Der Gottesdienst der Synagoge, eine der Wurzeln des christlichen Kults, war nicht reiner Lehrgottesdienst, sondern besaß eine rituelle, ja sakramentale Dimension, nämlich durch die Hinwendung im Gebet auf die Thoralade und so auf das Allerheiligste im Tempel – was umso mehr vom Gottesdienst des Neuen Bundes gilt. Andererseits legt die Stellung des Liturgen *versus populum* nahe, daß sich die Eucharistiefeier in der Katechese erschöpft. Metzger geht sogar so weit zu behaupten, daß sie nicht die wahre Gestalt der Kirche und des (Dienst-)Amts ausdrückt.[214] Die Bezeichnungen «zum Volk hin» oder «mit dem Rücken

[213] Zu der irrigen Tendenz, den Kultus auf Pädagogik zu reduzieren vgl. auch Kunzler (2000), 224-227. Dieses Phänomen wird auch von Meßner (2003), 33, mit deutlichen Worten bemängelt: «Gerade darin besteht derzeit der am meisten pathologische Zug unserer durchschnittlichen Gottesdienste».

[214] Metzger (1972), 140: «Le grand reproche que l'on peut formuler contre la célébration ‹face au peuple› est qu'une telle manière de faire n'exprime pas le vrai visage de l'Eglise et du ministère».

zum Volk» schließen denjenigen aus, an den sich alle wenden, Gott. Der Priester feiert die Eucharistie nicht «zum Volk hin», sondern die ganze Gemeinschaft feiert zu Gott hin gewandt, durch Jesus Christus im Heiligen Geist. Dieser Dialog Gottes mit seinem ganzen Volk kommt hervorragend zur Geltung in der Feier *versus orientem* bzw. *versus absidem*. Da die Menschen an Raum und Zeit gebunden sind, wird sich ihr Rufen zu Gott in Gebet und Lobpreis immer an konkreten Orten und zu bestimmten Zeiten vergegenwärtigen, gleichsam «inkarnieren». Ohne daß diese Vergegenwärtigungen in dieser Welt jemals hinter sich gelassen werden könnten, müssen die Menschen stets auf Reinigung und Läuterung dieser Formen bedacht sein. Für Metzger ist die gemeinsame Orientierung zum Gebet die höchste Läuterung dieser räumlichen Vergegenwärtigung Gottes.[215] Ein ähnliches Argument findet sich bereits bei Augustinus in seinem Kommentar zur ersten Anrufung des Vaterunser.[216] Das Wesentliche dabei ist nicht die Ausrichtung nach einer bestimmten Himmelsrichtung, sondern die sinnenhafte Verdeutlichung der wahren Gestalt der Kirche («le vrai visage de l'Egli-

[215] Cf. Metzger (1972), 140-141. Vgl. auch Stock (1989), 8: «Der sakrale Raum, wie immer man ihn konzipiert, transformiert die theologische in eine theotopische Frage, die sich auf den schlichten Kehrvers bringen läßt: ‹Wohin soll ich mich wenden und wie begegnen dir?› Wohin also wenden wir uns, wenn wir uns in unseren heutigen Kirchenräumen zu Gott wenden wollen?»

[216] Aug., *De sermone domini in monte* II,5,17-18: CChr.SL 35, 107-109. Vgl. auch Ratzinger (2000), 66.

se») durch die Gleichwendung der Liturgen und der Gläubigen, in deren Namen jene Gott anrufen.

Die von Metzger vorgebrachten ekklesiologischen Aspekte sind, ebenso wie die von Kardinal Ratzinger herausgestellte eschatologische und trinitarische Dimension jeder Eucharistiefeier, vor wenigen Jahren von der römischen Gottesdienstkongregation bestätigt worden. In der Eucharistie wird die Wiederkehr Christi in Herrlichkeit sakramental vorweggenommen. Wenn die Kirche die Eucharistie feiert, ist sie zwangsläufig zum Herrn hin orientiert und richtet sich in Gemeinschaft mit ihm und durch seine Mittlerschaft an den Vater, in der Einheit des Heiligen Geistes. Die Anlage des Altars in der Weise, daß der Zelebrant und die Gläubigen nach Osten schauen, läßt den parusialen Charakter der Eucharistie aufscheinen, denn das Geheimnis Christi wird gefeiert, *donec veniat in caelis.* Nur während der dialogischen Teile der eucharistischen Liturgie spricht der Priester zum Volk. Davon abgesehen betet er stets zum Vater durch Christus im Heiligen Geist.[217]

[217] *Notitiae* (1993), 245-246: «La celebrazione eucaristica è, per definizione, vincolata alla dimensione escatologica della fede cristiana. Lo è nella sua più profonda identità ... La disposizione dell'altare in modo che il celebrante e i fedeli guardassero ad oriente ... è splendida applicazione del carattere ‹parusiaco› dell'Eucaristia. Si celebra il mistero di Cristo ‹donec veniat de caelis›. Il sole che illumina l'altare durante l'Eucaristia è pallido riferimento al ‹sole che viene dall'altro› ... per celebrare con la sua Chiesa la vittoria pasquale».

b) Position der Liturgen und Opfercharakter der Eucharistie

Wir wollen uns jetzt einem Aspekt zuwenden, der von Jungmann in seiner Rezension zu Nußbaums Studie angeschnitten wurde. Die Ostung des Priesters in der Eucharistiefeier und die Gleichrichtung mit der Gemeinde kommen nicht von ungefähr. Es handelt sich nicht um eine unreflektierte Weitergabe einer überkommenen Gewohnheit, sondern um eine bewußte Hinwendung zu Gott im Gebet, die in besonderem Zusammenhang mit dem eucharistischen Opfer steht:

> Man darf das Gesetz formulieren: je deutlicher in der Messe der Begriff des Opfers zur Geltung kommt, um so regelmäßiger wird für den Liturgen, wo immer der Altar stehen mag, die Ostung gefordert. Es ist kaum Zufall, daß die Ostrichtung der Liturgen am Altar dort am frühesten auftritt, wo auch der Opfercharakter der Messe am stärksten betont wird, bei den Syrern.[218]

Zur Bekräftigung dieser These verweist Jungmann auf die Diskussion in der anglikanischen Oxfordbewegung des 19. Jahrhunderts über die Gleichrichtung von Liturge und Volk in der Eucharistiefeier.[219] In den Rubriken des anglikanischen *Book of Common Prayer* von 1552 und 1661/2 für die Feier der hl. Kommunion heißt es, der Geistliche solle zu Beginn das Vaterunser beten, «standing at the north

[218] Jungmann (1966), 448.
[219] Vgl. Jungmann (1966), 448-449.

side of the Table».[220] Dies wurde in der Church of England schon im 16. Jahrhundert so ausgelegt, daß der Geistliche im Gottesdienst an der linken Seite des Tisches (in einer geosteten Kirche) stehen und von dort die Gebete sprechen sollte. Ausschlaggebend für diese herrschende Deutung war ohne Zweifel die Absicht, jegliche Assoziationen mit der katholischen Messe zu vermeiden – daher auch die Ablehnung der traditionellen liturgischen Gewänder.[221] Das entscheidende Motiv hierbei war die unmißverständliche Bestreitung des Opfercharakters der Messe, wie in den verbindlichen 39 Artikeln aus dem Jahre 1562 (1571) festgelegt wurde.[222]

[220] Brightman (^{2}1921), II, 641.

[221] Vgl. Clark (1967).

[222] Zugänglich bei Bray (1994), 285-309; Hardwick (1851), 265-323. Interessant ist in diesem Zusammenhang das Frontispiz, das der hochkirchliche Anglikaner Charles Wheatly der erweiterten Auflage seiner *Rational Illustration of the Book of Common Prayer* aus dem Jahre 1720 beifügte. Die Darstellung zeigt einen Priester der Church of England, der in Chorhemd und Überwurf am «north end» eines traditionellen Steinaltares die Eucharistie feiert. Darüber ist Christus in den Wolken zu sehen, der in derselben Stellung am himmlischen Altar sein Opfer darbringt. Wheatly, der auch mit ostkirchlichen Riten vertraut war, gehörte zu jenen katholisierenden «High Churchmen» des 18. Jahrhunderts, die besonders unter Berufung auf den Hebräerbrief das Verständnis der Eucharistie als Opfer wiedergewinnen wollten; vgl. Stevenson (1986), 159-160. Allerdings stellte der geltende Ritus des *Book of Common Prayer* von 1661/2 dafür eher ein Hindernis dar, wie Stevenson (1986), 3, bemerkt: «Thomas Cranmer's eucharistic views are much disputed even today, they would not have coincided with those of Charles Wheatly, who so readily (and artistically) reinterprets the rite of the 1662 Prayer Book».

Alf Härdelin zeigt, daß bereits in den Anfängen der Oxfordbewegung, deren Ziel die Wiedergewinnung des katholischen Erbes in der Church of England war, die «eastward position» des Liturgen und somit die Gleichwendung bei der Feier der Eucharistie eine wichtige Rolle spielte, denn in ihr sah man den Opfercharakter der Eucharistie ausgedrückt.[223] Die Traktarianer bemühten sich mit großem Nachdruck um die Neubelebung dieses alten liturgischen Brauchs sowohl in ihren Schriften als auch in der Praxis. W. J. E. Bennett stellte heraus, daß die Lehre vom eucharistischen Opfer es erforderte, daß er «as a Priest – and before an Altar, as an Altar» stehe. Wie wichtig den Traktarianern die «eastward position» für die Liturgie als ganze war, geht aus den *Remains* Hurrell Froudes hervor, die zur Zeit ihrer postumen Veröffentlichungen großes Aufsehen erregten. John Keble schreibt in seinem Vorwort, daß Froude «thought very seriously of the importance of those arrangements in Divine Service, which tend most to remind the worshipper that God's house is a house of prayer and spiritual sacrifice, not of mere instruction».[224] Da die Oxfordbewegung ohnehin stark angefeindet wurde, war John Henry Newman darauf bedacht, die normative Anwendung der Rubriken im *Book of Common Prayer* beizubehalten, deren Änderung die Polemik gegen die Traktarianer noch zusätzlich angeheizt hätte. So wird berichtet, daß

[223] Vgl. Härdelin (1965), 309-312.
[224] Zitate nach Härdelin (1965), 310.

Newman als Anglikaner stets am «north end», d.h. an der linken Seite des Altars, der Kommunionfeier vorstand.[225] Dagegen äußerte sich Isaac Williams, Newmans erster Kurat in der Pfarrkirche von Littlemore bei Oxford, in seinen Schriften eindeutig für die «eastward position» und nahm scharf Stellung gegen die allgemein gebräuchliche Position des Liturgen am «north end». Bei Williams, wie auch bei anderen Traktarianern, wird deutlich, daß diesen liturgischen Gesten deshalb so viel Bedeutung zugemessen wurde, weil sie für zwei fundamental entgegengesetzte theologische Haltungen standen. Die führenden Männer der Oxfordbewegung sahen in der «eastward position» wenn nicht das einzige, so doch das entscheidende Zeichen für das Verständnis des eucharistischen Opfers als «God-ward act» und darin ein zentrales Moment ihres Kampfes gegen den Rationalismus der anglikanischen Theologie ihrer Zeit. Tatsächlich geht die Bedeutung der gemeinsamen Gebetsrichtung im «Anglo-Katholizismus» weit hinaus über die heftigen ritualistischen Kontroversen in der zweiten Hälfte des 19. Jahrhunderts, als es aufgrund des englischen Staatskirchensystems sogar zur gerichtlichen Verurteilung von anglikanischen Geistlichen kam, die den Gottesdienst in der «eastward position» feierten. Nur in diesem großen Zusammenhang der traktarianischen Opposition ge-

[225] Newman schrieb an den Bischof von Oxford im Jahre 1841: «I have left many things, which I did not like, and which most other persons would have altered», Newman (1899), II, 419.

gen die von der Aufklärung bestimmte, rationalistische Theologie ihrer Zeit können die Betonung der «eastward position» und die dadurch hervorgerufenen Widerstände verstanden werden.[226]

Vor dem Hintergrund dieser kaum überschätzbaren Bedeutung, welche der gemeinsamen Gebetsrichtung für die liturgische Erneuerung des Anglikanismus in den Jahrzehnten der Oxfordbewegung zukam, ist es einsichtig, daß sich erhebliche Widerstände regten, als in den sechziger Jahren die Zelebration *versus populum* auch in anglikanischen Kirchen Einzug zu halten begann. Der renommierte englische Theologe John Macquarrie äußerte sich hierzu im Jahre 1967, und sein Beitrag läßt wiederum den großen Zusammenhang erkennen, in dem die «eastward position» im Anglikanismus gesehen wird. Macquarrie sieht in dem «exzessiven Subjektivismus» unserer Zeit eine ernste Bedrohung für Theologie und Liturgie, was zum Ausdruck kommt in der Neuerung, daß der Zelebrant in der Eucharistiefeier zum Volk gewandt steht. Prononciert nimmt Macquarrie Stellung gegen John A.T. Robinson, der sich in seinem bekannten Buch *Honest to God* für die Zelebration *versus populum* aussprach, da so «attention upon a point in the middle» gebündelt werde. Dieser Subjektivismus, so Macquarrie, gehe zu Lasten der «objektiven» Dimension der Eucharistiefeier, «when priest and

[226] Dies wird von Härdelin (1965), 300-315, klar herausgearbeitet.

people together are directing themselves to the God who is always ahead of us and always calling us to go out beyond ourselves into the venture of faith».[227]

Freilich bedürfte die These Jungmanns von der sachgemäßen Beziehung zwischen dem Opfercharakter der Eucharistie und der gemeinsamen Gebetsrichtung einer eingehenden Untersuchung. Hier konnten nur einige historische Schlaglichter darauf geworfen werden. Die Plausibilität dieser These ist jedoch nicht von der Hand zu weisen. Wie Jungmann betont, ist Opfern ein «Hintragen zu Gott». Dies wird auch deutlich in den seit dem dritten Jahrhundert geläufigen Bezeichnungen der Eucharistie als προσφορά, ἀναφορά und *oblatio*, wo die Bewegung des Darbringens und Hintragens zum Ausdruck kommt.[228]

Gerade die pastorale Erfahrung der letzten vier Jahrzehnte dürfte uns lehren, daß dieser Zusammenhang tatsächlich besteht, denn es kann kaum bestritten werden, daß mit dem triumphalen Siegeszug der Zelebration *versus populum* auch das allgemeine Verständnis der Meßfeier als der Vergegenwärtigung und Darbringung des einzigen Opfers Christi stark

[227] Macquarrie (1967), 158.

[228] Vgl. Jungmann (1967), 377, und Betz (1960). Auch Gamber (^{2}1994), 61, kommt zu dem Schluß: «Die entscheidende Frage hinsichtlich der Stellung des Priesters am Altar ist ... der Opfercharakter der Messe. Der Opfernde wendet sich dem zu, dem das Opfer dargebracht wird; er steht deshalb vor dem Altar ‹ad Dominum›, zum Herrn hin».

geschwunden ist.[229] Hier soll nicht suggeriert werden, die Änderung der Zelebrationsrichtung sei der einzige Grund für diese Entwicklung. Doch sei immerhin in Erinnerung gerufen, daß eines der wesentlichen Argumente für diese Neuerung die Betonung des Mahlcharakters der Eucharistie gewesen ist. Man muß heute nüchtern feststellen können, daß eine allzu einseitige Betonung der Meßfeier als Gemeinschaftsmahl stattgefunden hat und der Eigenart der Eucharistie als «eines sichtbaren (wie es die Natur des Menschen erfordert) Opfers» nicht genüge getan worden ist.[230]

[229] Vgl. Schreiter (1992), 110-111: «Codes stellen die grundlegenden Regeln für die Ausübung der Zeichenfunktion zur Verfügung. Sie sind sozusagen die ‹Grammatik› der Kulturtexte. Sie umfassen die Regeln für das Handeln in einer Kultur – was ist erlaubt, was nicht? Auf diese Weise definieren sie nicht nur den Aktionsradius eines Zeichens, sie geben auch Aufschluß über grundlegende Botschaften. Nehmen wir zum Beispiel die Veränderung des Codes im Zusammenhang mit dem Verhältnis zum eucharistischen Zeichen. Als in der Eucharistiefeier der römisch-katholischen Kirche der sogenannte Volksaltar eingeführt wurde, an dem der Priester den Mitfeiernden zugewandt ist, ging in der Zeichenfunktion der Eucharistie ein entscheidender Wandel vor sich. Der Opfercharakter der Eucharistie verlor an Bedeutung zugunsten der Betonung des Mahlcharakters. Der Altar als Zeichen erfuhr eine Veränderung im Code: Er wurde von jenem Ort, an dem Gott und Menschheit in der Kommunikationsform des Opfers zusammentrafen, zum Tisch des eucharistischen Mahls».

[230] Konzil von Trient: DS 1740, zitiert im *Katechismus der Katholischen Kirche* (1993), Nr. 1366. Siehe hierzu auch Jungmann (1970), 23-24. Papst Johannes Paul II. hat in seiner Enzyklika *Ecclesia de Eucharistia* (2003), Nr. 11-14 die Lehre vom Opfercharakter der Messe wieder mit Nachdruck vorgelegt.

Der *Katechismus der Katholischen Kirche* betont die Einheit von Opfer und Mahl: «Die Messe ist zugleich und untrennbar das Opfergedächtnis, in welchem das Kreuzesopfer für immer fortlebt, und das heilige Mahl der Kommunion mit dem Leib und dem Blut des Herrn».[231] Bouyer bezeichnet die Vorstellung von der Eucharistie als Mahl *im Gegensatz* zur Auffassung der Eucharistie als Opfer zurecht als einen fabrizierten Dualismus, der von der liturgischen Tradition her gesehen absurd erscheint.[232] Die mystagogische Katechese, die zweifellos unerläßlich ist, kann diesen Verlust nicht auffangen, solange der Opfercharakter der Messe keine konkrete Entsprechung in der liturgischen Gestalt findet. Mit anderen Worten, alle wohlgemeinte Rede von dem Geheimnis und der Erhabenheit der Eucharistie als Opfer Christi und Opfer der Kirche verläuft ins Leere, wenn im Vollzug des Gottesdienstes gegensätzliche Zeichen ausgesendet werden.

[231] *Katechismus der Katholischen Kirche* (1993), Nr. 1382. Zu der Diskussion über den eucharistischen Opferbegriff vgl. u.a. Betz (1960), Jungmann (1970), 7-27, Moll (1975), Betz (1979), Hanson (1979), Williams (1982), Spinks (1984), Stevenson (1986), sowie die gesammelten Beiträge bei Gerhards–Richter (2000). Ratzinger (2002a) zeigt die Defizite der aktuellen Debatte an und betont zurecht, daß hier noch viel theologische Arbeit geleistet werden muß.

[232] Bouyer schreibt in seinem Nachwort zur französischen Ausgabe von Gamber ([2]1994), 74, in keiner Religion habe es jemals ein Opfer gegeben, «das nicht ein Mahl gewesen wäre, aber ein *sakrales* Mahl, verstanden als Schleier des Mysteriums einer besonderen göttlichen Gegenwart und Mitteilung».

c) Anbetung und Kontemplation

Schließlich soll auf einen Aspekt eingegangen werden, auf den Max Thurian im Organ der Gottesdienstkongregation, *Notitiae*, hinweist. Thurian nennt freimütig die Defizite in der gegenwärtigen liturgischen Praxis («désaffection du culte, ennui, manque de vie et de participation»). Die Ursache für diese Probleme sieht er darin, daß die Feier der Liturgie mitunter ihren Charakter als Mysterium verloren hat. Die eucharistische Liturgie ist zugleich Akt der Danksagung, Weihe, Gedächtnis, Opfer und Fürbitte und fordert so die Liturgen und die Gläubigen dazu auf, sich zum Altar des Herrn hin zu wenden in einer Haltung, die von Anbetung und Kontemplation bestimmt wird.[233] Dies muß in der äußeren Gestalt der Liturgie sichtbar werden:

> Wie die architektonische Anlage der Kirche auch beschaffen sein mag, auf zwei komplementäre Grundhaltungen der Liturgie muß geachtet werden: den wechselseitigen Dialog des Wortgottesdienstes und die kontemplative Orientierung der Eucharistiefeier. Oft gleicht die ganze Feier einem Vortrag oder einem Gespräch, wo Anbetung, Kontemplation und Stille keinen Platz haben. Das ständige Gegenüber von Liturgen und Gläubigen bewirkt, daß sich die Gemeinde in sich selbst verschließt. Eine gesunde Feier hingegen, welche die Vorrangstellung des Altars, die taktvolle Zurückhaltung im Dienst der Liturgen, die Orientierung aller auf den Herrn hin und die Anbetung

233 Thurian (1996), 690-691.

> seiner Gegenwart, zeichenhaft in den Symbolen und verwirklicht im Sakrament, berücksichtigt, verleiht der Liturgie jenen kontemplativen Atem, ohne den sie Gefahr läuft, zu ermüdendem religiösem Geschwätz und in die Leere laufendem Gemeinschaftsaktivismus zu werden, zu einer Art von Salbaderei (un fatigant bavardage religieux, une vaine agitation communautaire, *una specie di filastrocca*).[234]

Thurian hält den basilikalen Grundriß mit einem langen rechteckigen Schiff und einer halbkreisförmigen Apsis als Abschluß, wie in der lateinischen Kirche am weitesten verbreitet, für die angemessene Gestalt des liturgischen Raumes. Die zum Gottesdienst versammelte Gemeinschaft befindet sich gleichsam auf Pilgerschaft hin zum Herrn, dessen Wiederkunft in Herrlichkeit sie erwartet, wodurch die Dynamik der hoffnungsvollen Erwartung des Herrn und der Begegnung mit ihm zur Geltung kommt. Bei unterschiedlicher Anlage des Kirchenbaus je nach den örtlichen Gegebenheiten muß man stets dieser wesentlichen Bewegung hin zu dem Ort des Opfers und der Gegenwart des Herrn, dem Altar und dem Tabernakel, Rechnung tragen. In diesem Zusammenhang äußert sich Thurian kritisch über die heute gängige Praxis, die Session für die Liturgen unmittelbar hinter dem Altar aufzustellen, wodurch ein ständiges Gegenüber zwischen Zelebrant und Gläubigen erzeugt wird. Auf diese Weise wird die liturgische

[234] Thurian (1996), 692 (Übersetzung aus dem Französischen U.M.L.).

Versammlung in sich eingeschlossen und die Orientierung der ganzen Gemeinde behindert, die auf den symbolischen Ort der Gegenwart des Herrn gerichtet ist und in eschatologischer Hoffnung seine Wiederkunft in Herrlichkeit erwartet. Es ist heute für das liturgische Leben der Kirche notwendig, so Thurian, alles möglichst so einzurichten, daß der Kontemplation und Anbetung des Herrn, der sich seinem Volk in Wort und Sakrament zeigt, der absolute Vorrang gegeben wird. Die Liturgen sind die demütigen und diskreten Diener dieses Geheimnisses – nicht mehr und nicht weniger. Thurian verweist auf die morgendlichen Meßfeiern des Papstes in seiner Privatkapelle, wo die kontemplative und eschatologische Orientierung der Eucharistie besonders stark wahrgenommen werden kann.[235]

[235] «On peut ressentir très fortement cette orientation contemplative et eschatologique dans la chapelle privée du Pape, où il célèbre la messe chaque matin, d'abord à son siège un peu en avant du premier rang des participants, tournés avec lui vers l'autel, puis à l'autel même en tête de la petite assemblée qui adore avec lui le Christ réellement présent»; Thurian (1996), 694.

IV.
CONVERSI AD DOMINUM

Die Geschichte der *celebratio versus populum* im eigentlichen Sinne hebt an im ausgehenden Mittelalter und in der Renaissance, als das Prinzip der Gebetsostung in Vergessenheit zu geraten begann und es zu Mißverständnissen über die Eigenart des frühchristlichen römischen Kirchenbaus kam.[236] Jedoch ist die gemeinsame Ausrichtung von Priester und Gemeinde bei der Eucharistiefeier nur vereinzelt aufgegeben worden. So wird berichtet, daß spanische Missionare aus den Bettelorden mit konvertierten Azteken in Zentralmexiko als Experiment die Messe *versus populum* feierten.[237] Eine Favorisierung des Gegenübers von Zelebrant und Volk im modernen Verständnis kam erst in der katholischen Aufklärung des 18. Jahrhunderts zum Durchbruch. Der rationalistische und moralisierende Zeitgeist machte auch vor der Liturgie nicht halt, als deren zentrale Bedeutung nicht selten ihr Nutzen für die moralische Erbauung des einzelnen und der ganzen Gesellschaft betrachtet wurde. Konsequenterweise ging diese Entwicklung zu Lasten des latreutischen Charakters der Liturgie als Dienst vor Gott. Daher rührten auch die Übernahme des ästhetischen Ideals von der edlen Einfalt und die Betonung einer mög-

236 Vgl. de Blaauw (2000), 43-51.
237 Vgl. Lara (1994), 219-220.

lichst weitgehenden verstandesgemäßen Erschließbarkeit des Ritus. Diese Tendenzen wurden verstärkt durch zeitgenössische Strömungen in der Kirche, deren Liturgieverständnis, wenn auch zum Teil aus verschiedenen Motiven, ähnlich war, etwa der Jansenismus in Frankreich und Italien, sowie der Josephinismus im Reich. In diesem Zusammenhang wurde auch die Forderung laut, der Priester solle mit dem Angesicht gegen das Volk gekehrt sein, es scheint aber, daß diese kaum in die Praxis umgesetzt wurde.[238]

Bei den Pionieren der liturgischen Bewegung des 20. Jahrhunderts können zwei wesentliche Motive für den Wunsch nach einer Meßfeier *versus populum* ausgemacht werden, wie Bouyer aus eigener Erfahrung berichtet. Erstens sollten die Lesungen aus der Heiligen Schrift zum Volk hin erfolgen. Das Problem bestand darin, daß die Rubriken für die stille Messe eines Priesters bestimmten, daß die Lesungen aus einem auf dem Altar liegenden Missale erfolgen mußten. Da man nun das Wort Gottes zum Volk hin verkündigen und zugleich den Rubriken entsprechen wollte, bot sich die Möglichkeit an, die gesamte Messe *versus populum* zu feiern, wie es ja auch im Missale Pius' V. mit Hinblick auf die beson-

[238] Grundlegend ist die Studie von Trapp (1939); vgl. Nußbaum (1965), 18-23, und Nichols (1996), 17-23. Ein radikaler Vertreter dieser Aufklärungsliturgie war Vitus Anton Winter, vgl. Steiner (1976). Zum Josephinismus siehe die Studie von Hollerweger (1976).

deren Verhältnisse in den römischen Basiliken gestattet war. Die Instruktion *Inter Oecumenici* aus dem Jahre 1964 führte jedoch wieder die Gewohnheit der biblischen Lesung von einem Lesepult oder Ambo ein. Somit ist dieser erste Grund für eine Meßfeier *versus populum* hinfällig geworden. Zweitens lag es in der Absicht der liturgischen Bewegung, das verlorengeglaubte Verständnis der Eucharistie als Mahl wiederzugewinnen. Hierzu ist bereits bemerkt worden, daß die eucharistische Liturgie kein Gemeinschaftsmahl im strikten Sinne sein kann. Im übrigen wäre einem wirklichen Mahl nichts fremder als die Stellung des Zelebranten *versus populum*, wodurch der Altar einer Barriere gleicht, die eine falsche Trennung von Klerus und Laien ausdrückt. Wie dem auch sei, unsere Situation heute ist grundlegend verschieden von der in der ersten Hälfte des 20. Jahrhunderts, denn offensichtlich ist die Mahlgestalt der Eucharistiefeier wieder zum Allgemeingut geworden, während es eher nottäte, den Opfergedanken zu stärken.[239]

Jungmann meinte bereits im Jahre 1967, es müsse «dem Pendel erlaubt sein, nun einmal nach der Gegenseite auszuschlagen».[240] Christus ist wirklich in unserer Mitte, doch sind wir mit ihm auf den Vater hin ausgerichtet. Der unbestreitbare Vorzug

[239] Bouyer (1993), 101-104, gefolgt von Napier (1972), 630. Zur Geschichte der «*celebratio versus populum*» in der Liturgischen Bewegung des 20. Jh. vgl. Neunheuser (1996), 433-443.
[240] Jungmann (1967), 379.

der gemeinsamen Gebetsrichtung liegt in dieser Bewegung des Hintragens (προσφορά, *oblatio*). Durch Christus bringen wir Gebet und Opfer dar. An der Spitze dieser Prozession steht der Priester, der gemeinsam mit den Gläubigen auf Gott hingeordnet ist. Jungmann erinnert an Kardinal Lercaros Schreiben vom 25. Januar 1966, wo Klugheit und Zurückhaltung geboten wird, und schließt mit der Mahnung: «Und auch die Lehre der Geschichte soll man nicht in den Wind schlagen».[241]

Zum Schluß dieser Arbeit soll eine von verschiedenen Autoren vorgeschlagene Option zur Diskussion gestellt werden. Es besteht kein Zweifel, daß die Dialogpartien zwischen Priester und Volk sowie die Verkündigung des Wortes Gottes ein Gegenüber voraussetzen. Die Eröffnung und der Wortgottesdienst werden daher am besten, wie heute üblich, von den Sedilien und dem Ambo aus begangen. Ebenso ist es selbstverständlich, daß es gemäß den Rubriken des erneuerten *Missale Romanum* bei

[241] Jungmann (1967), 380; siehe auch Jungmann (1966), 449: «Es war darum nicht einfach ein Irrweg, wenn der Kirchenbau seit tausend Jahren beinahe ausnahmslos die Gleichrichtung der Liturgen mit dem Volk bevorzugt hat, sosehr es bedauert werden muß, daß damit in den meisten Fällen zugleich eine unnötige Entfernung aus dem Raum des Volkes verbunden war ... Der geschlossene Kreis spricht von der Gemeinschaft und betont die Mahlgestalt. Ihre Betonung kann im gegebenen Fall wichtig und richtig sein; aber es hieße einer Zeitströmung huldigen, wenn man ihr die Alleinberechtigung zusprechen wollte».

Teilen des Kommunionritus und bei der Entlassung mit dem Segen zu einem Gegenüber des Liturgen und der Gläubigen kommt. Der eucharistischen Liturgie im engeren Sinne, besonders dem Hochgebet, entspricht jedoch die gemeinsame Ausrichtung auf Gott, die durch die Wendung zum Altar hin ausgedrückt wird – ob es sich um eine wirkliche oder eine «ideelle» Ostung handelt. Daher sollte sich der Liturge hierfür zusammen mit dem Volk dem Altar zukehren.[242]

Es ist hier nicht der Ort, im einzelnen auszuführen, wie dieser Vorschlag in die Praxis umgesetzt werden könnte. Allerdings gilt die Empfehlung, daß der Priester zum Altar gewandt beten sollte, besonders für historische Kirchen, wo oft ein künstlerisch bedeutender Hochaltar das dominierende Element des gesamten Raumes darstellt. Die prachtvollen Altaraufbauten in den Kirchen des Abendlandes vom Spätmittelalter bis zum Barock sind Teil einer Entwicklung, die deutlich über die Altaranlagen des ersten Jahrtausends, die heute noch in den byzantinischen und orientalischen Kirchen weiterleben, hinausgeht, sie dienen aber ebenso dem Zweck der

[242] Bouyer (1993), 98-99, bemerkt, daß dies auch für die Fürbitten geschehen sollte, die ebenso an Gott gerichtet sind wie das Hochgebet. Die grundsätzliche Unterscheidung zwischen Wortgottesdienst und Eucharistiefeier hinsichtlich der Ausrichtung des Priesters wird ebenso favorisiert von Metzger (1971), 143, Napier (1972), 630, Gamber (^{2}1994), 55-56, Thurian (1996),692-693. Auch Kunzler (2000), 228-229, stellt die Bedeutung der Zelebration *ad Dominum* heraus.

Liturgie, nämlich der Verherrlichung Gottes und der sakramentalen Vergegenwärtigung des Heilswerkes Gottes für die zu Gebet und Opfer versammelten Gläubigen. Zurecht betont Kardinal Ratzinger: «Der Altar ist gleichsam der Ort des aufgerissenen Himmels; er schließt den Kirchenraum nicht ab, sondern auf – in die ewige Liturgie hinein».[243]

Diese empfohlene Verbindung eines Gegenübers von Liturgen und Gläubigen für den Wortgottesdienst und einer Gleichwendung der liturgischen Versammlung zum Altar für die Eucharistiefeier ist nicht nur eine legitime Möglichkeit im *Novus Ordo Missae* Pauls VI., sondern ist auch von der römischen Gottesdienstkongregation ausdrücklich gutgeheißen worden. Als Antwort auf eine Reihe von Fragen zum Thema Zelebrationsrichtung sind fünf Orientierungspunkte veröffentlicht worden, von denen zwei in unserem Zusammenhang wichtig sind. Der eine Punkt gilt vor allem für historische Kirchen, deren hochwertige künstlerische Gestaltung den Gläubigen in hervorragender Weise die wunderbare Größe und Schönheit der Heilstaten Gottes vor Augen führt:

> Die Anlage des Altars *versus populum* ist sicher etwas, das von den gegenwärtigen liturgischen Bestimmungen gewünscht ist. Jedoch handelt es sich dabei nicht um einen absoluten Wert, der über allen anderen steht. Man muß jene Fälle berücksichtigen, wo das

[243] Ratzinger (2000), 62-63; vgl. auch Torevell (2000), 177-180.

Presbyterium eine Ausrichtung des Altars zum Volk hin nicht zuläßt, oder wo der vorhandene Altar in seiner Gestaltung nicht bewahrt werden kann, wenn ein zum Volk hin gewandter Altar als Hauptaltar hervorgehoben werden soll. In diesen Fällen entspricht es dem Wesen der Liturgie besser, am vorhandenen Altar mit dem Rücken zum Volk zu zelebrieren, als zwei Altäre im selben Presbyterium zu erhalten. Das Prinzip, daß es nur einen einzigen Altar geben sollte (il principio dell'unicità dell'altare), ist theologisch wichtiger als die Praxis, zum Volk hin zu zelebrieren.[244]

Wie schon von Alfred Lorenzer bemerkt, ist der Altar nicht nur Schwerpunkt des «Sinngefüges Kirche», sondern auch «räumlicher Schwerpunkt». Verändert man seine Stellung, so wird die Raumstruktur beschädigt, ja unter Umständen zerstört, und mit ihr der Raum als Sinngestalt. Durch die Aufstellung von «Volksaltären» in historischen Kirchen wurde der bisher sakral bedeutungsvolle Raum, eine wesentliche Symbolebene des Sinngefüges, zur desymbolisierten «Sinnruine». Dieser Umbruch ist noch dramatischer als das weitgehende Verschwinden der traditionellen Kirchenmusik – vom gregorianischen Choral bis zu den Meßkompositionen des 20. Jahrhunderts –, da in diesem Fall keine ständig präsente «Sinnruine» zurückbleibt, die architektonischen Eingriffe im Namen der Liturgiereform jedoch als zerstörter Raum stets sichtbar sind.[245] Demgegenüber ist die Erhal-

[244] *Notitiae* (1993), 249 (dt. Übers. U.M.L.).

[245] Vgl. Lorenzer (1984), 200-202. In diesem Zusammenhang gibt Lorenzer (1991), 159, zu bedenken: «Man steigt nicht

tung sakraler Kulturdenkmäler ein entschiedenes Postulat der richtig verstandenen Liturgiereform. Für die in den letzten Jahrzehnten erfolgten Radikalveränderungen in historischen Kirchen kann man sich nicht auf das II. Vaticanum berufen.[246] Daher ist es folgerichtig, wenn die Gottesdienstkongregation der Zelebration am vorhandenen (Hoch-)Altar den Vorzug gibt vor der Aufstellung eines zweiten, zum Volk gekehrten Altars. Darüber hinaus anerkennt die Gottesdienstkongregation jedoch auch die von verschiedenen Liturgikern vorgetragene und in dieser Arbeit zusammengefaßte theologische Grundlage für die Gleichwendung von Priester und Volk, den Charakter der Eucharistiefeier als an Gott gerichtetes Gebet und Opfer:

> Es ist notwendig, klar zu erklären, daß der Ausdruck «zum Volk hin gekehrt zelebrieren» keine theologische Bedeutung hat, sondern nur eine topographische Beschreibung ist. Jede Eucharistiefeier ist *ad laudem et gloriam nominis Dei, ad utilitatem quoque nostram, totiusque Ecclesiae suae sanctae*. Denn im theologischen Sinne richtet sich die Messe immer an Gott

ungestraft aus dem geschichtlichen Zusammenhang aus, indem man das Bestehende einfach verleugnet». Diese Warnung wurde übrigens schon von Ratzinger (1966), 255, ausgesprochen: «Es gibt ein Gesetz der Kontinuität, das nicht ungestraft übertreten wird». Siehe auch die Beobachtungen zur gegenwärtigen Situation von Gerhards (1998), 230-233.

246 Siehe die gründliche Dokumentation bei Odenthal (1992), der betont, daß Lorenzer in dieser Hinsicht widersprochen werden muß. Zu den gravierenden denkmalpflegerischen Problemen der Altarraumumbauten vgl. Gauss (1990) und Klötzl (1992).

und an das Volk. In der Gestalt der Feier muß man darauf achten, Theologie und Topographie nicht zu verwechseln, besonders wenn der Priester am Altar ist. Nur während der Dialoge am Altar spricht der Priester zum Volk. Alles andere ist Gebet zum Vater durch Christus im Heiligen Geist. Diese Theologie muß sichtbar sein.[247]

In der konkreten liturgischen Haltung wendet sich die Kirche ihrem Lebensquell zu, dem auferstandenen und erhöhten Herrn, dessen Wiederkunft sie sehnlichst erwartet.

[247] *Notitiae* (1993), 249 (dt. Übers. U.M.L.).

Abbildungsverzeichnis

Literaturverzeichnis

Bibliographische Abkürzungen folgen S. M. Schwertner, *Theologische Realenzyklopädie. Internationales Abkürzungsverzeichnis für Theologie und Grenzgebiete*, Berlin – New York [2]1994, ebenso diejenigen für biblische Bücher und das rabbinische Schrifttum. Titel patristischer Werke werden auf lateinisch angegeben und folgen dem Abkürzungsverzeichnis des *LThK*[3], soweit vorhanden. Quellen werden nach den neuesten kritischen Editionen zitiert und nicht eigens im Literaturverzeichnis angeführt, mit Ausnahme von entlegenen oder wenig bekannten Editionen sowie von Übersetzungen.

ARBEITER A., *Alt-St. Peter in Geschichte und Wissenschaft. Abfolge der Bauten, Rekonstruktion, Architekturprogramm*, Berlin 1988

BADGER G. P., *The Nestorians and their Rituals*, 2 Bde., London 1852 (Nachdruck: London 1987)

BALTHASAR H. U. v., «Die Würde der Liturgie», in: *IkaZ* 7 (1978), 481-487

BAUER W., *Rechtgläubigkeit und Ketzerei im ältesten Christentum* (BHTh 10), Tübingen ²1964 (¹1934)

BELTING-IHM C., *Die Programme der christlichen Apsismalerei vom 4. Jahrhundert bis zur Mitte des 8. Jahrhunderts* (FKGCA 4), Stuttgart ²1992 (¹1960)

BERGER P. L., *A Far Glory. The Quest for Faith in an Age of Credulity*, New York 1992

BETZ J., «Die Prosphora in der patristischen Theologie», in: B. Neunheuser (Hg.), *Opfer Christi und Opfer der Kirche. Die Lehre vom Meßopfer als Mysteriengedächtnis in der Theologie der Gegenwart*, Düsseldorf 1960, 99-116

– *Eucharistie. In der Schrift und Patristik* (HDG IV/4a), Freiburg 1979

BLAAUW S. de, «Architecture and Liturgy in Late Antiquity and the Middle Ages», in: *ALW* 33 (1991), 1-34

– *Cultus et decor. Liturgia e architettura nella Roma tardoantica e medievale. Basilica Salvatoris, Sanctae Mariae, Sancti Petri*, 2 Bde., Vatikanstadt 1994

– *Met het oog op het licht. Een vergeten principe in de oriëntatie van het vroegchristelijk kerkgebouw* (Nijmeegse Kunsthistorische Cahiers 2), Nijmegen 2000

BOUYER L., *Mensch und Ritus*, Mainz 1964 (Dt. Übersetzung von *Le Rite et L'Homme*, Paris 1962)

– *Liturgie und Architektur*, Freiburg 1993 (Dt. Übersetzung von *Liturgy and Architecture*, Notre Dame, Indiana 1967)

BRANDENBURG H., «Altar und Grab. Zu einem Problem des Märtyrerkultes im 4. und 5. Jh.», in: M. Lamberigts – P. van Deun (Hg.), *Martyrium in Multidisciplinary Perspective. Memorial Louis Reekmans*, Leuven 1995, 71-98

BRAUN J., *Der christliche Altar in seiner geschichtlichen Entwicklung*, 2 Bde., München 1924

Bray G. (Hg.), *Documents of the English Reformation*, Cambridge 1994

BRIGHTMAN F. E., *The English Rite. Being a Synopsis of the Sources and Revisions of the Book of Common Prayer with an Introduction and an Appendix*, 2 Bde., London ^{2}1921 (Nachdruck: Farnborough 1970)

BRUNS P., *Theodor von Mopsuestia. Katechetische Homilien*, übersetzt und eingeleitet (FC 17/1-2), Freiburg 1994-1995

BUNGE G., *Irdene Gefäße. Die Praxis des persönlichen Gebetes nach der Überlieferung der heiligen Väter*, Würzburg ^{3}1999

BURKERT W., *Klassisches Altertum und antikes Christentum. Probleme einer übergreifenden Religionswissenschaft* (Hans-Lietzmann-Vorlesungen 1), Berlin 1996

BURKITT F. C., Rez. F. J. Dölger, *Sol salutis. Gebet und Gesang im christlichen Altertum*, Münster 1920, in: *JThS* 22 (1921), 283-286

CANTONI P., «Per un ‹nuovo› movimento liturgico», in: *Cristianità* 30 (2002), 5-18

CHADWICK H., «New Sermons of St Augustine», in: *JThS* NS 47 (1996), 69-91

CLARK F., *Eucharistic Sacrifice and the Reformation*, Oxford ^{2}1967

Congregatio de Cultu Divino et Disciplina Sacramentorum, «Editoriale: Pregare ‹ad orientem versus›», in: *Not.* 29 (1993), 245-249

– «Responsa ad quaestiones de nova *Institutione Generali Missalis Romani*», in: *CCCIC* 32 (2000), 171-174

Congregatio pro Ecclesiis Orientalibus, *Instruzione per l'applicazione delle prescrizioni liturgiche del Codice dei Canoni delle Chiese Orientali «Il Padre incomprensibile»*, Vatikanstadt 1996

CULLEN C. M. – KOTERSKI J. W., «The new IGMR and Mass *versus populum*», *Homiletic and Pastoral Review* June 2001, 51-54

CUMING G. J., *The Liturgy of St Mark. Edited from the Manuscripts with a Commentary* (OCA 234), Rom 1990

DÖLGER F. J., *Die Sonne der Gerechtigkeit und der Schwarze. Eine religionsgeschichtliche Studie zum Taufgelöbnis* (LF 2), Münster 1918

– *Sol salutis. Gebet und Gesang im christlichen Altertum. Mit besonderer Rücksicht auf die Ostung in Gebet und Liturgie* (LF 4/5), Münster ²1925 (¹1920)

DOLBEAU F., *Augustin d'Hippone. Vingt-Six Sermons au Peuple d'Afrique retrouvés à Mayence* (Collection des Études Augustiniennes, Série Antiquité 147), Paris 1996

– «L'oraison ‹Conuersi ad dominum...›. Un bilan provisoire des recensions existantes», in: *ALW* 41 (1999), 295-322

DÜRIG W., *Kirchenbau und Liturgiereform*, München 1966

DUVAL N., «L'architecture chrétienne et les pratiques liturgiques en Jordanie en rapport avec la Palestine. Recherches nouvelles», in: K. Painter (Hg.), *‹Churches Built in Ancient Times›. Recent Studies in Early Christian Architecture*, London 1994, 149-212

– «Commentaire topographique et archéologique», in: G. Madec (Hg.), *Augustin Prédicateur (395-411). Actes du Colloque International de Chantilly (5-7 septembre 1996)* (Collection des Études Augustiniennes, Série Antiquité 159), Paris 1998, 171-214

FISCHER B., «Die Grundaussagen der Liturgie-Konstitution und ihre Rezeption in fünfundzwanzig Jahren», in: H. Becker – B. J. Hilberath – U. Willers (Hg.), *Gottesdienst – Kirche – Gesellschaft. Interdisziplinäre und ökumenische Standortbestimmungen nach 25 Jahren Liturgiereform* (PiLi 5), St. Ottilien 1991, 417-428

FRANK K. S., «Maleachi 1,10ff. in der frühen Väterdeutung. Ein Beitrag zu Opferterminologie und Opferverständnis in der alten Kirche», in: *ThPh* 53 (1978), 70-78

GAMBER K., *Ritus modernus. Gesammelte Aufsätze zur Liturgiereform* (SPLi 4), Regensburg 1972

– *Liturgie und Kirchenbau. Studien zur Geschichte der Meßfeier und des Gotteshauses in der Frühzeit* (SPLi 6), Regensburg 1976

– *Zum Herrn hin! Fragen um Kirchenbau und Gebet nach Osten* (BSPLi 18), Regensburg [2]1994 ([1]1987)

GARRIGA T., «La sacra liturgia fonte e culmina della vita ecclesiale», in: R. Fisichella (Hg.), *Il Concilio Vaticano II. Recezione e attualità alla luce del Giubileo*, Mailand 2000, 46-65

GAUSS N., «Kirchenerweiterungen in Österreich. Versuch einer Typologie. Eine Zwischenbilanz 25 Jahre nach dem Zweiten Vatikanum», in: *ÖZKD* 44 (1990), 1-25

GAWLIKOWSKI M., «Eine neuentdeckte frühchristliche Kirche in Palmyra», in: E. M. Ruprechtsberger (Hg.), *Syrien. Von den Aposteln zu den Kalifen*, Mainz 1993, 150-157

GERHARDS A., «Der Kirchenraum als ‹Liturge›. Anregungen zu einem anderen Dialog von Kunst und Kirche», in: F. Kohlschein – P. Wünsche (Hg.), *Heiliger Raum. Architektur, Kunst und Liturgie in mittelalterlichen Kathedralen und Stiftskirchen* (LWQF 82), Münster 1998, 225-242

– «‹Blickt nach Osten!› Die Ausrichtung von Priester und Gemeinde bei der Eucharistie – eine kritische Reflexion nachkonziliarer Liturgiereform vor dem Hintergrund der Geschichte des Kirchenbaus», in: M. Klöckener – A. Join-Lambert (Hg.), *Liturgia et Unitas. Liturgiewissenschaftliche und ökumenische Studien zur Eucharistie und zum gottesdienstlichen Leben in der Schweiz. Etudes liturgiques et oecuméniques sur l'Eucharistie et la vie liturgique en Suisse. In honorem Bruno Bürki*, Freiburg/Schweiz – Genève 2001, 197-217

– «Versus orientem – versus populum. Zum gegenwärtigen Diskussionsstand einer alten Streitfrage», in: *ThRv* 98 (2002), 15-22

– «Wort und Sakrament – Zur Bipolarität von Liturgie und Kirchenraum», in: A. Gerhards – T. Sternberg – W. Zahner (Hg.), *Communio-Räume. Auf der Suche nach der angemessenen Raumgestalt katholischer Liturgie* (Bild – Raum – Feier. Studien zu Kirche und Kunst 2), Regensburg 2003, 10-26

Gerhards A. – Richter K. (Hg.), *Das Opfer. Biblischer Anspruch und liturgische Gestalt* (QD 186), Freiburg 2000

GUIDOBALDI F., «L'inserimento delle chiese titolari di Roma nel tessuto urbano preesistente: osservazioni ed implicazioni», in: *Quaeritur inventus colitur: Miscellanea in onore di Padre U. M. Fasola*, Vatikanstadt 1989, 382-396

GY P.-M., «Ist ‹Der Geist der Liturgie› Kardinal Ratzingers dem Konzil treu?», in: *LJ* 52 (2002), 59-65

HÄRDELIN A., *The Tractarian Understanding of the Eucharist* (AUU 8), Uppsala 1965

HÄUSSLING A. A., Rez. Lang (2000), in: *ALW* 42 (2000), 156-157

HANSON R. P. C., *Eucharistic Offering in the Early Church* (GLS 19), Bramcote 1979

HARBERT B., «Paradise and the Liturgy», in: *NBl* 83 (2002), 30-41

HARDWICK C., *A History of the Articles of Religion*, Cambridge 1851

HARNACK A. v., *Porphyrius «Gegen die Christen», 15 Bücher. Zeugnisse, Fragmente und Referate*, APAW.PH 1916,1

– *Die Mission und Ausbreitung des Christentums in den ersten drei Jahrhunderten*, 2 Bde., Leipzig ^{4}1924

HEID S., *Kreuz – Jerusalem – Kosmos. Aspekte frühchristlicher Staurologie* (JAC.E 31), Münster 2001

HEINZ A., «Ars celebrandi: Überlegungen zur Kunst, die Liturgie der Kirche zu feiern», in: *Questions Liturgiques* 83 (2002), 107-126

HENNER J., *Fragmenta Liturgica Coptica. Editionen und Kommentar liturgischer Texte der Koptischen Kirche des ersten Jahrtausends* (Studien und Texte zu Antike und Christentum 5), Tübingen 2000

HOFF J., «Das Verschwinden des Körpers. Eine Kritik an der ‹Wut des Verstehens› in der Liturgie», in: *HerKor* 54 (2000), 149-155

HOLLERWEGER H., *Die Reform des Gottesdienstes zur Zeit des Josephinismus in Österreich* (StPaLi 1), Regensburg 1976

IOANNES PAULUS PP. II, *Litterae Encyclicae «Ecclesia de Eucharistia»*, Vatikanstadt 2003

JACOBSEN W., «Organisationsformen des Sanktuariums im spätantiken und mittelalterlichen Kirchenbau. Wechselwirkungen von Altarraum und Liturgie aus kunsthistorischer Perspektive», in: A. Gerhards – A. Odenthal (Hg.), *Kölnische Liturgie und ihre Geschichte. Studien zur interdisziplinären Erforschung des Gottesdienstes im Erzbistum Köln* (LWQF 87), Münster 2000, 67-97

– «Altarraum und Heiligengrab als liturgisches Konzept in der Auseinandersetzung des Nordens mit Rom», in: N. Bock – S. de Blaauw – C. L. Frommel – H. Kessler (Hg.), *Kunst und Liturgie im Mittelalter. Akten des internationalen Kongresses der Bibliotheca Hertziana und des Nederlands Instituut te Rome. Rom, 28.-30. September 1997* (RJ, Beiheft zu Band 33 [1999/2000]), München 2000, 65-74

JUNGMANN J. A., *Liturgisches Erbe und pastorale Gegenwart. Studien und Vorträge*, Innsbruck 1960

– *Missarum Sollemnia. Eine genetische Erklärung der römischen Messe*, 2 Bde., Wien [5]1962 ([1]1948)

– Rez. O. Nußbaum, *Der Standort des Liturgen am christlichen Altar vor dem Jahre 1000*, Bonn 1965, in: *ZKTh* 88 (1966), 445-450

– «Der neue Altar», in: *Der Seelsorger* 37 (1967), 374-381

– *Messe im Gottesvolk. Ein nachkonziliarer Durchblick durch Missarum Sollemnia*, Freiburg 1970

KASCHEWSKY R., «Eine wichtige Veröffentlichung zur Zelebration *versus populum*», in: *UVK* 30 (2000), 310-311

Katechismus der Katholischen Kirche, München 1993

KELLER E., *Eucharistie und Parusie. Liturgie- und theologiegeschichtliche Untersuchungen zur eschatologischen Dimension der Eucharistie anhand ausgewählter Zeug-*

nisse aus frühkirchlicher und patristischer Zeit (SF NF 70), Freiburg/Schweiz 1989

KLEINHEYER B., *Sakramentliche Feiern I. Die Feiern der Eingliederung in die Kirche* (GdK VII/1), Regensburg 1989

KLÖCKENER M., «Conuersi ad dominum», in: *AugL* 1 (1994), 1280-1282

– «Die Bedeutung der neu entdeckten Augustinus-Predigten (*Sermones Dolbeau*) für die liturgiegeschichtliche Forschung», in: G. Madec (Hg.), *Augustin Prédicateur (395-411). Actes du Colloque International de Chantilly (5-7 septembre 1996)* (Collection des Études Augustiniennes, Série Antiquité 159), Paris 1998, 129-170

KLÖTZL G., «‹Zwingende liturgische Notwendigkeit› zu Altarraumumbauten? Bemerkungen zu § 5 Absatz 4 Denkmalschutzgesetz», in: *ÖZKD* 46 (1992), 38-43

KOROL D., «Neues zur Geschichte der verehrten Gräber und des zentralen Bezirks des Pilgerheiligtums in Cimitile-Nola», in: *JAC* 35 (1992), 83-118

KRAELING C. H., *The Christian Building* (The Excavations at Dura Europos. Final Report VIII,2), New Haven 1967

KRAUTHEIMER R. (with S. ur i), *Early Christian and Byzantine Architecture*, New Haven – London [4]1986 ([1]1965)

KRETSCHMAR G., «Festkalender und Memorialstätten Jerusalems in altkirchlicher Zeit», in: *ZDPV* 87 (1971), 167-205

KUNZLER M., «La liturgia all'inizio del Terzo Millennio», in: R. Fisichella (Hg.), *Il Concilio Vaticano II. Recezione e attualità alla luce del Giubileo*, Mailand 2000, 217-231

LANDSBERGER F., «The Sacred Direction in Synagogue and Church», in: *HUCA* 28 (1957), 181-203

LANG U.M., «Conversi ad Dominum. Zu Gebetsostung, Stellung des Liturgen am Altar und Kirchenbau», *FKTh* 16 (2000), 81-123

LARA J., «Versus Populum Revisited», in: *Worship* 68 (1994), 210-221

LASSUS J., *Sanctuaires chrétiens de Syrie*, Paris 1947

– «La liturgie dans les basiliques syriennes», in *Atti dell' VIII Congresso internazionale di studi bizantini: Palermo, 3 – 10 aprile 1951 = Studi bizantini e neoellenici* 8 (1953), 418-428

Legg J. W. (Hg.), *Tracts on the Mass* (HBS 27), London 1904

LERCARO G., «L'heureux développement», in: *Not.* 2 (1966), 157-161

Lora E. (Hg.), *Enchiridion Vaticanum 15: Documenti ufficiali della Santa Sede 1996*, Bologna 1999

LORENZER A., *Das Konzil der Buchhalter. Die Zerstörung der Sinnlichkeit. Eine Religionskritik*, Frankfurt am Main 1984 (Originalausgabe 1981)

– «‹Sacrosanctum Concilium›: Der Anfang der ‹Buchhalterei›. Betrachtungen aus psychoanalytisch-kulturkritischer Sicht», in: H. Becker – B. J. Hilberath – U. Willers (Hg.), *Gottesdienst – Kirche – Gesellschaft. Interdisziplinäre und ökumenische Standortbestimmungen nach 25 Jahren Liturgiereform* (PiLi 5), St. Ottilien 1991, 153-161

LOUTH A., *St John Damascene. Tradition and Originality in Byzantine Theology* (Oxford Early Christian Studies), Oxford 2002

LUBAC H. de, *Betrachtung über die Kirche*, Graz 1954 (Dt. Übersetzung von *Méditation sur l'église*, Paris ^{2}1953)

MACQUARRIE J., «Subjectivity and objectivity in theology and worship», in: *Worship* 41 (1967), 152-160

MATHEWS T. F., «An Early Roman Chancel Arrangement», in: *RivAC* 38 (1962), 73-96

MAYER-HIMMELHEBER S., *Bischöfliche Kunstpolitik nach dem Tridentinum. Der Secunda-Roma-Anspruch Carlo Borromeos und die mailändischen Verordnungen zu Bau und Ausstattung von Kirchen*, München 1984

MESSNER R., «Probleme des eucharistischen Hochgebets», in: R. Meßner – E. Nagel – R. Pacik (Hg.), *Bewahren und Erneuern. Studien zur Meßliturgie. Festschrift für Hans Bernhard Meyer SJ zum 70. Geburtstag*, (IThS 42), Innsbruck-Wien 1995, 174-201

– «Unterschiedliche Konzeptionen des Meßopfers im Spiegel von Bedeutung und Deutung der Interzessionen des römischen Canon missae», in: A. Gerhards – K. Richter (Hg.), *Das Opfer. Biblischer Anspruch und liturgische Gestalt* (QD 186), Freiburg 2000, 128-184

– *Einführung in die Liturgiewissenschaft* (UTB 2173), Paderborn 2001

– «Gebetsrichtung, Altar und die exzentrische Mitte der Gemeinde», in: A. Gerhards – T. Sternberg – W. Zahner (Hg.), *Communio-Räume. Auf der Suche nach der angemessenen Raumgestalt katholischer Liturgie* (Bild – Raum – Feier. Studien zu Kirche und Kunst 2), Regensburg 2003, 27-36

METZGER M., «La place des liturges à l'autel», in: *RevSR* 45 (1971), 113-145

MEYER H. B., *Luther und die Messe. Eine liturgiewissenschaftliche Untersuchung über das Verhältnis Luthers zum Meßwesen des späten Mittelalters* (KKTS 11), Paderborn 1965

MICHEL A., *Les églises d'époque byzantine et umayyade de la Jordanie (provinces d'Arabie et de Palestine), Ve-VIIIe siècle: typologie architecturale et aménagements liturgiques (avec catalogue des monuments)* (Bibliothèque de l'antiquité tardive 2), Turnhout 2001

MINGANA A., *The Apology of Timothy the Patriarch before the Caliph Mahdi* (WoodSt II,1), Cambridge 1928

Missale Romanum ex decreto Sacrosancti Concilii Tridentini restitutum Pii V Pont. Max. iussu editum, Rom 1570

Missale Romanum ex decreto Sacrosancti Oecumenici Concilii Vaticani II instauratum auctoritate Pauli PP. VI promulgatum. Editio typica, Vatikanstadt 1970

Missale Romanum ex decreto Sacrosancti Oecumenici Concilii Vaticani II instauratum auctoritate Pauli PP. VI promulgatum Ioannis Pauli PP. II cura recognitum. Editio typica tertia, Vatikanstadt 2002

MOLL H., *Die Lehre von der Eucharistie als Opfer. Eine dogmengeschichtliche Untersuchung vom Neuen Testament bis Irenäus von Lyon* (Theoph. 26), Köln 1975

MONNOT G., «Salāt», in: C. E. Bosworth – E. van Donzel – B. Lewis – C. Pellat (Hg.), *Encyclopédie de L'Islam. Nouvelle Édition*, tome VIII, Leiden – Paris 1995, 956-965

MORETON M. J., «Εἰς ἀνατολὰς βλέψατε. Orientation as a Liturgical Principle», in: *StPatr* 18 (1982), 575-590

NAPIER C., «The Altar in the Contemporary Church», in: *CleR* 57 (1972), 624-632

NEBEL J., *Die Entwicklung des römischen Meßritus im ersten Jahrtausend anhand der* Ordines Romani. *Eine synoptische Darstellung*, Rom 1998 (unveröffentlichte Dissertation am *Pontificium Athenaeum S. Anselmi de Urbe*)

– «Die *editio typica tertia* des *Missale Romanum*. Eine Untersuchung über die Veränderungen», in: *Ecclesia Orans* 19 (2002), 265-314

NEUNHEUSER B., «Eucharistiefeier am Altare *versus populum*. Geschichte und Problematik», in: D. Gobbi (Hg.), *Florentissima proles Ecclesiae. Miscellanea hagiographica, historica et liturgica Reginaldo Grégoire O.S.B. XII lustra complenti oblata*, Trient 1996, 417-444

NEWMAN J. H., *Apologia pro Vita Sua. Being A History of His Religious Opinions*, London 1913

– *An Essay on the Development of Christian Doctrine*, new edition, London 1878

– *The Via Media of the Anglican Church*, 2 Bde., London 1899

NICHOLS A., *Looking at the Liturgy. A Critical View of Its Contemporary Form*, San Francisco 1996

NILGEN U., «Die Bilder über dem Altar. Triumph- und Apsisbogenprogramme in Rom und Mittelitalien und ihr Bezug zur Liturgie», in: N. Bock – S. de Blaauw – C. L. Frommel – H. Kessler (Hg.), *Kunst und Liturgie im Mittelalter. Akten des internationalen Kongresses der Bibliotheca Hertziana und des Nederlands Instituut te Rome. Rom, 28.-30. September 1997* (RJ, Beiheft zu Band 33 [1999/2000]), München 2000, 75-89

NUSSBAUM O., *Der Standort des Liturgen am christlichen Altar vor dem Jahre 1000. Eine archäologische und liturgiegeschichtliche Untersuchung* (Theoph. 18), 2 Bde., Bonn 1965

– «Die Zelebration versus populum und der Opfercharakter der Messe», in: *ZKTh* 93 (1971), 148-167

ODENTHAL A., «Denkmalpflege als Postulat der Liturgiereform», in: *LJ* 42 (1992), 249-259

Pallath P. (Hg.), *La liturgia eucaristica della chiesa siromalabarese* (Quaderni di Rivista Liturgica 1), Padua 2000

PEETERS C. J. A. C., *De liturgische dispositie van het vroegchristelijk kerkgebouw. Samenhang van cathedra, leesplaats en altaar in de basiliek van de vierde tot de zevende eeuw*, Assen 1969

PETERSON E., *Frühkirche, Judentum und Gnosis. Studien und Untersuchungen*, Freiburg 1959

PIETRI C., *Roma christiana. Recherches sur l'Église de Rome, son organisation, sa politique, son idéologie de Miltiade à Sixte III (311-440)* (BEFAR 224), 2 Bde., Rom 1976

PIUS PP. XII, *Litterae Encyclicae de Sacra Liturgia «Mediator Dei»*, in: *AAS* 39 (1947), 521-595

PODOSSINOV A., «Himmelsrichtung (kultische)», in: *RAC* 15 (1991), 233-286

RATZINGER J., «Der Katholizismus nach dem Konzil», in: *Auf dein Wort hin. 81. Deutscher Katholikentag vom 13. Juli bis 17. Juli 1966 in Bamberg*, Paderborn 1966, 245-264

– *Zur Lage des Glaubens. Ein Gespräch mit Vittorio Messori*, München 1985

– *Das Fest des Glaubens. Versuche zur Theologie des Gottesdienstes*, Freiburg [3]1993 ([1]1981)

– *Der Geist der Liturgie. Eine Einführung*, Freiburg 2000

– «Theologie der Liturgie», in: *FKTh* 18 (2002), 1-13

– «‹Der Geist der Liturgie› oder: Die Treue zum Konzil», in: *LJ* 52 (2002), 111-115

RENHART E., *Das syrische Bema. Liturgisch-archäologische Untersuchungen* (GrTS 20), Graz 1995

Rennings H. – Klöckener M. (Hg.), *Dokumente zur Erneuerung der Liturgie. Band 1. Dokumente des Apostolischen Stuhls 1963-1973*, Kevelaer 1983

RIGHETTI M., *Manuale di storia liturgica. Volume 1: Introduzione generale*, Mailand [3]1964 ([1]1946)

ROUWHORST G., «Jewish Liturgical Traditions in Early Syriac Christianity», in: *Vig Chr* 51 (1997), 72-93

Sacra Congregatio Rituum, *Instructio ad exsecutionem Constitutionis de sacra Liturgia recte ordinandam «Inter Oecumenici»*, in: *AAS* 56 (1964), 877-900

SAVON H., «Zacharie, 6, 12, et les justifications patristiques de la prière vers l'orient», in: V. Saxer (Hg.), *Ecclesia orans. Mélanges patristiques offerts au Père Adalbert G. Hamman OFM* = *Aug.* 20 (1980), 319-333

SCHÖNBORN C., *Leben für die Kirche. Die Fastenexerzitien des Papstes*, Freiburg [2]1998 ([1]1997)

SCHREITER R. J., *Abschied vom Gott der Europäer. Zur Entwicklung regionaler Theorien* (Edition solidarisch leben), Salzburg 1992 (Dt. Übersetzung v. *Constructing Local Theologies*, London 1985)

SCHULER C., «Macht hoch die Tür, die Tor macht weiter», in: *Frankfurter Allgemeine Zeitung* vom Donnerstag, 23. Dezember 1999 (Nr. 299), 55

SCHULZ F., «Das Mahl der Brüder. Herrenmahl in neuer Gestalt», in: *JLH* 15 (1970), 32-51

Seager A. R., «The Architecture of the Dura and Sardis Synagogues», in: J. Gutmann (Hg.), *The Dura-Europos Synagogue: A Re-evaluation (1932-1972)*, Missoula, Montana 1973, 79-116

– «Ancient Synagogue Architecture: An Overview», in: J. Gutmann (Hg.), *Ancient Synagogues: The State of Research* (BJSt 22), Chico, California 1981, 39-47

Selhorst H., *Die Platzordnungen im Gläubigenraum der altchristlichen Kirche*, Münster 1931

Siebel W., *Liturgie als Angebot. Bemerkungen aus soziologischer Sicht*, Berlin 1972

Sodi M. – Triacca A. M. (Hg.), *Missale Romanum. Editio Princeps (1570)* (Monumenta Liturgica Concilii Tridentini 2), Vatikanstadt 1998

Spinks B. D., «Eucharistic Offering in the East Syrian Anaphoras», in: *OCP* 50 (1984), 347-371

Steck W., *Der Liturgiker Amalarius. Eine quellenkritische Untersuchung zu Leben und Werk eines Theologen der Karolingerzeit* (MThS.H 35), St. Ottilien 2000

Steiner J., *Liturgiereform in der Aufklärungszeit. Eine Darstellung am Beispiel Vitus Anton Winters* (FThSt 100), Freiburg 1976

Stevenson K., *Eucharist and Offering*, New York 1986

Stock A., «Gotteshaus und Kirchgang», in: *LJ* 39 (1989), 5-18

Taft R. F., «Some Notes on the Bema in the East and West Syrian Traditions», in: *OCP* 34 (1968), 326-359 (Nachdruck mit wichtigen Ergänzungen in: R. F. Taft, *Liturgy in Byzantium and Beyond* [CStS 493], Aldershot 1995)

– «Textual Problems in the Diaconal Admonition before the Anaphora in the Byzantine Tradition», in: *OCP* 49 (1983), 340-365

– «The Dialogue before the Anaphora in the Byzantine Eucharistic Liturgy. II: The *Sursum corda*», in: *OCP* 54 (1988), 47-77

TAYLOR J. G., *Yahweh and the Sun. Biblical and Archaeological Evidence for Sun Worship in Ancient Israel* (JSOT Sup. 111), Sheffield 1993

TCHALENKO G., *Villages antiques de la Syrie du Nord. Le Massif du Bélus à l'époque romaine*, 3 Bde., Paris 1953-1958

– *Églises syriennes à bêma*, Paris 1990

TCHALENKO G. – BACCACHE E., *Églises de village de la Syrie du Nord*, 2 Bde., Paris 1979-1980

THÜMMEL H. G., «Versammlungsraum, Kirche, Tempel», in: B. Ego – A. Lange – P. Pilhofer – K. Ehlers (Hg.), *Gemeinde ohne Tempel/Community without Temple. Zur Substituierung und Transformation des Jerusalemer Tempels und seines Kults im Alten Testament, antiken Judentum und frühen Christentum* (WUNT 118), Tübingen 1999, 489-504

THURIAN M., «La liturgie, contemplation du mystère», in: *Not.* 32 (1996), 690-697

TONGEREN L. van, «Vers une utilisation dynamique et flexible de l'espace. Une réflexion renouvelée sur le réaménagement d'églises», in: *Questions Liturgiques* 83 (2002), 156-178

TOREVELL D., *Losing the Sacred. Ritual, Modernity and Liturgical Reform*, Edinburgh 2000

Torre S. della – Marinelli M. (Hg.), *Instructionum fabricae et supellectilis ecclesiasticae libri II Caroli Borromei* (Monumenta studia instrumenta liturgica 8), Vaticanstadt 2000

TOYNBEE J. – WARD PERKINS J., *The Shrine of St. Peter and the Vatican Excavations*, London 1956

TRAPP W., *Vorgeschichte und Ursprung der liturgischen Bewegung vorwiegend in Hinsicht auf das deutsche Sprachgebiet*, Regensburg 1940 (Nachdruck: Münster 1979)

TREPP L., *Der jüdische Gottesdienst. Gestalt und Entwicklung*, Stuttgart 1992

ULEVIČIUS B., *Dieviškieji Rytai: Povatikaninė liturginė reforma ir 'altorių atgręžimo' klausimas*, Vilnius 2002

VAZHEEPARAMPIL P., *The Making and Unmaking of Tradition. Towards a Theology of the Liturgical Renewal in the Syro-Malabar Church*, Rom 1998

VOELKER E. C., *Charles Borromeo's* Instructiones Fabricae et Supellectilis Ecclesiasticae, *1577. A Translation with Commentary and Analysis*, Ph.D. Dissertation, Syracuse University 1977

VÖÖBUS A., «New Light on the Text of the Canons in the Doctrine of Addai», in: *Journal of the Syriac Academy* 1 (1975), 3-21

VOGEL C., «Versus ad Orientem. L'orientation dans les *Ordines romani* du haut moyen age», in: *StMed* III/1 (1960), 447-469

– «Sol aequinoctialis. Problèmes et technique de l'orientation dans le culte chrétien», in: *RevSR* 36 (1962), 175-211

– «L'orientation vers l'Est du célébrant et des fidèles pendant la célébration eucharistique», in: *OrSyr* 9 (1964), 3-37

– «La croix eschatologique», in: A.-M. Dubarle et al., *Noël, Épiphanie, retour du Christ* (Lex orandi 40), Paris 1967, 85-108

VRIES W. de, *Die Sakramententheologie bei den syrischen Monophysiten* (OCA 125), Rom 1940

– *Die Sakramententheologie bei den Nestorianern* (OCA 133), Rom 1947

WALLRAFF M., «La preghiera verso l'oriente. Alle origini di un uso liturgico», in: *La preghiera nel tardo antico. Dalle origini a Sant' Agostino. XXVII Incontro di studiosi dell' antichità cristiana. Roma, 7-9 maggio 1998* (SEAug 66), Rom 1999, 463-469

– «Die Ursprünge der christlichen Gebetsostung», in: *ZKG* 111 (2000), 169-184

– *Christus verus sol. Sonnenverehrung und Christentum in der Spätantike* (JAC.E 32), Münster 2001

WALTHER V., «‹Celebratio versus populum›. Evangelisches Echo und Fragen an den evangelischen Gottesdienst», in: *HlD* 53 (1999), 137-142

WARD-PERKINS J. B., «The Shrine of St. Peter and Its Twelve Spiral Columns», in: id., *Studies in Roman and Early Christian Architecture*, London 1994, 469-488

WEIGAND E., «Die Ostung in der frühchristlichen Architektur. Neue Tatsachen zu einer alten Problemfrage», in: W. Schellberg (Hg.), *Festschrift Sebastian Merkle*, Düsseldorf 1922, 370-385

WENSINCK A. J., «Kibla I», in: C. E. Bosworth – E. van Donzel – B. Lewis – C. Pellat (Hg.), *Encyclopédie de L'Islam. Nouvelle Édition*, tome V, Leiden – Paris 1986, 84-85

WILKINSON J., «Orientation, Jewish and Christian», in: *PEQ* 116 (1984), 16-30

WILLIAMS R., *Eucharistic Sacrifice. The Roots of a Metaphor* (GLS 31), Bramcote 1982

WILLIS G. G.(†), *A History of Early Roman Liturgy to the Death of Pope Gregory the Great*, with a memoir of G. G. Willis by M. Moreton (HBS. Subsidia 1), London 1994

WITAKOWSKI W., «The Origin of the ‹Teaching of the Apostles›», in: *IV Symposium Syriacum 1984* (OCA 229), Rom 1987, 161-171